LA EMPRESA DEL FUTURO

Escenarios Avanzados de Toma de Decisiones

CONSULTORIA IA

Copyright © 2024 CONSULTORIA IA

All rights reserved

The characters and events portrayed in this book are fictitious. Any similarity to real persons, living or dead, is coincidental and not intended by the author.

No part of this book may be reproduced, or stored in a retrieval system, or transmitted in any form or by any means, electronic, mechanical, photocopying, recording, or otherwise, without express written permission of the publisher.

Cover design by: Art Painter
Library of Congress Control Number: 2018675309
Printed in the United States of America

A NUESTRA FAMILIA

CONTENIDOS

Titulo

Derechos de autor

Dedicatoria

Breve Reseña

Audiencia Objetivo

¿Por qué leer este libro?

Prólogo

Capítulo 1: El Futuro de la Toma de Decisiones Empresariales

Capítulo 2: Inteligencia Artificial y Big Data: Decisiones Basadas en Datos

Capítulo 3: Automatización Inteligente: El Nuevo Motor del Crecimiento

Capítulo 4: Liderazgo Ágil en la Era de la Disrupción

Capítulo 5: Innovación Estratégica: Preparando a tu Empresa para lo Inesperado

Apéndices

BREVE RESEÑA

La Empresa del Futuro: Escenarios Avanzados de Toma de Decisiones es tu guía definitiva para navegar el mundo empresarial en la era digital. A medida que las empresas enfrentan un entorno cada vez más complejo y competitivo, la capacidad de tomar decisiones estratégicas es más crucial que nunca. Este libro explora los escenarios más avanzados y futuristas en la toma de decisiones, abordando cómo la inteligencia artificial, el big data, y las nuevas tecnologías están revolucionando la forma en que las organizaciones operan.

Desde la automatización hasta la inteligencia de negocios, descubrirás herramientas y estrategias innovadoras que impulsarán el crecimiento sostenible de tu empresa. Ideal para líderes, emprendedores y ejecutivos que buscan transformar sus modelos de negocio y prepararse para los desafíos del futuro. Con estudios de caso, ejemplos prácticos y consejos de expertos, este bestseller es tu aliado clave para tomar decisiones seguras y efectivas en un mundo en constante cambio. ¡Prepárate para llevar a tu empresa al siguiente nivel!

AUDIENCIA OBJETIVO

La audiencia objetivo de La Empresa del Futuro: Escenarios Avanzados de Toma de Decisiones incluye:

1. Líderes Empresariales y Ejecutivos: CEOs, gerentes y directores que buscan adoptar nuevas tecnologías y enfoques estratégicos para optimizar la toma de decisiones en sus organizaciones.

2. Emprendedores y Startups: Innovadores que desean anticipar los desafíos futuros y construir empresas ágiles y preparadas para competir en un entorno dinámico.

3. Consultores y Estrategas de Negocios: Profesionales dedicados a asesorar empresas en la implementación de tecnologías avanzadas, inteligencia de negocios y transformación digital.

4. Inversores y Analistas: Personas interesadas en comprender cómo las decisiones basadas en datos y las tecnologías emergentes pueden transformar sectores enteros, permitiendo identificar oportunidades de inversión.

5. Profesionales de Tecnología e Innovación: Aquellos enfocados en la inteligencia artificial, big data, automatización y otras tecnologías que impulsan la evolución de la toma de decisiones.

6. Académicos y Estudiantes de Negocios: Investigadores y estudiantes que buscan entender las tendencias futuras en el mundo empresarial y cómo las organizaciones pueden adaptarse a ellas.

El libro es ideal para quienes buscan una visión avanzada y práctica del futuro de los negocios, con herramientas aplicables para mejorar su competitividad y capacidad de respuesta en un entorno digital.

¿POR QUÉ LEER ESTE LIBRO?

1. Anticipa el Futuro Empresarial: En un mundo en constante evolución, este libro te prepara para los desafíos futuros y te ayuda a aprovechar las oportunidades emergentes. Explorarás cómo las tecnologías disruptivas están cambiando la manera en que se toman decisiones estratégicas.

2. Estrategias Prácticas y Accionables: Ofrece soluciones tangibles y aplicables que pueden transformar la toma de decisiones en tu empresa. Aprenderás a implementar inteligencia artificial, big data y automatización para mejorar tu competitividad.

3. Casos Reales y Ejemplos Inspiradores: El libro incluye estudios de caso que muestran cómo las empresas líderes ya están usando estas herramientas avanzadas para superar la competencia y crecer. Verás estrategias en acción que puedes adaptar a tu negocio.

4. Toma Decisiones Basadas en Datos: A medida que el big data y la analítica avanzada cobran más relevancia, este libro te enseña cómo aprovechar la información en tiempo real para hacer decisiones más inteligentes y ágiles, evitando riesgos innecesarios.

5. Transforma tu Liderazgo: No solo se trata de tecnología, sino también de mentalidad. El libro te guía en cómo evolucionar como líder, adoptando una visión estratégica para enfrentar la incertidumbre y preparar a tu empresa para el éxito a largo plazo.

6. Sé Parte de la Innovación: Si quieres estar a la vanguardia de la transformación empresarial, este libro es tu mapa. Ya no basta con reaccionar; es hora de anticiparse al cambio y liderar el camino hacia el futuro.

Leer La Empresa del Futuro te da las herramientas, el conocimiento y la inspiración necesarios para convertirte en un actor clave en la era digital, permitiéndote transformar tu empresa y garantizar su relevancia en el futuro.

PRÓLOGO

Vivimos en una era donde la velocidad del cambio ha superado nuestras expectativas. Las reglas del juego empresarial, que durante décadas se mantuvieron relativamente estables, hoy se transforman a una velocidad vertiginosa. La globalización, la digitalización y las tecnologías emergentes, como la inteligencia artificial y el big data, han creado un entorno en el que las decisiones empresariales ya no pueden depender únicamente de la intuición o de métodos tradicionales. Este nuevo panorama exige líderes preparados para anticipar el futuro, tomar decisiones basadas en datos y adaptarse a la disrupción constante.

Es aquí donde La Empresa del Futuro cobra relevancia.

Este libro nace de la necesidad urgente de ofrecer a los empresarios, ejecutivos, y líderes de todos los sectores una guía que les permita enfrentar el mundo digital con confianza. En estas páginas, no solo explorarás conceptos innovadores, sino también ejemplos prácticos que muestran cómo las empresas más exitosas están tomando decisiones estratégicas para mantenerse a la vanguardia. Ya no se trata de predecir el futuro, sino de prepararse para cualquier escenario posible.

A lo largo de mi carrera, he tenido el privilegio de trabajar con líderes visionarios que han sabido aprovechar la tecnología para tomar decisiones acertadas y llevar sus organizaciones al éxito. He visto, de primera mano, cómo la capacidad de adaptarse y de utilizar los datos para tomar decisiones informadas puede marcar la diferencia entre una empresa que lidera su sector y otra que se queda rezagada. Es por eso que decidí escribir este libro: para compartir las herramientas y estrategias que permitirán a las empresas de hoy prosperar en el mañana.

Te invito a que leas estas páginas con una mente abierta, dispuesto a desafiar las formas tradicionales de hacer negocios y listo para adoptar un enfoque más ágil, basado en datos y orientado al futuro. Si lo haces, no solo estarás preparado para lo que viene, sino que también serás capaz de liderar el cambio.

El futuro de tu empresa comienza hoy. Que este libro sea tu guía para tomar decisiones estratégicas que aseguren tu éxito en el incierto, pero prometedor, mundo que nos espera.

CONSULTORIA IA

CAPÍTULO 1: EL FUTURO DE LA TOMA DE DECISIONES EMPRESARIALES

La evolución de la toma de decisiones en la era digital

El mundo empresarial está viviendo una transformación sin precedentes. La era digital no solo ha cambiado la forma en que operamos, sino que también ha alterado fundamentalmente cómo tomamos decisiones. Lo que antes dependía únicamente de la intuición, la experiencia y el conocimiento acumulado ahora se apoya en datos, inteligencia artificial (IA) y herramientas de análisis predictivo. Esta revolución en la toma de decisiones representa una oportunidad única para aquellos que estén dispuestos a abrazar la innovación y adoptar un enfoque estratégico y visionario. En este capítulo, exploraremos cómo puedes aprovechar el poder de las herramientas digitales para tomar decisiones más rápidas, inteligentes y efectivas, transformando tu negocio en un entorno digital en constante cambio.

La Toma de Decisiones: De la Intuición a la Inteligencia Artificial

Tradicionalmente, las decisiones empresariales se basaban en la experiencia del líder o en el consenso de un grupo de directivos. Sin embargo, en un mundo cada vez más complejo y acelerado, ese enfoque ha quedado desfasado. Hoy en día, las empresas más exitosas están aprovechando la tecnología para respaldar sus decisiones, utilizando análisis de datos y modelos predictivos para anticipar el comportamiento del mercado, identificar riesgos y oportunidades, y ajustar sus estrategias en tiempo real.

Ejemplo: El caso de Amazon

Amazon ha liderado esta revolución. Desde sus primeros días, Jeff Bezos implementó un enfoque basado en datos para la toma de decisiones. Amazon analiza cada aspecto de su operación, desde las preferencias de los clientes hasta los patrones de envío, utilizando IA y algoritmos para optimizar su cadena de suministro y mejorar la experiencia del usuario. Esto le ha permitido adaptarse rápidamente a las demandas del mercado, ofreciendo productos a los clientes con una velocidad y precisión sin precedentes. Al adoptar un enfoque similar en tu negocio, puedes desarrollar una ventaja competitiva y reaccionar de manera más ágil ante los cambios.

La Importancia de los Datos: El Nuevo Petróleo

En la era digital, los datos son el activo más valioso. Las empresas que saben cómo capturar, analizar y aprovechar sus datos tienen el poder de transformar sus operaciones y superar a sus competidores. Los datos permiten una toma de decisiones más informada, y con el uso adecuado de herramientas avanzadas como la IA y el análisis predictivo, las empresas pueden prever tendencias, mitigar riesgos y personalizar sus ofertas de manera efectiva.

Caso Real: Netflix y la personalización impulsada por datos

Un excelente ejemplo de cómo los datos pueden transformar una empresa es Netflix. La plataforma de streaming utiliza el análisis de datos para ofrecer recomendaciones personalizadas a sus usuarios, lo que no solo mejora la experiencia del cliente, sino que también incrementa el tiempo de permanencia en la plataforma. Netflix recolecta grandes cantidades de datos sobre los hábitos de visualización de sus usuarios y los utiliza para predecir qué series o películas les gustarán, incluso antes de que el usuario lo sepa. Esta capacidad de anticiparse a las necesidades del cliente ha sido un factor clave en su éxito global.

Herramientas Avanzadas para la Toma de Decisiones: IA, Machine Learning y Big Data

Las empresas tienen a su disposición una serie de herramientas avanzadas que permiten automatizar y optimizar la toma de decisiones. El análisis predictivo, el machine learning y el big data están revolucionando la forma en que las empresas evalúan las situaciones y reaccionan a los desafíos.

1. Análisis Predictivo: Utilizando modelos matemáticos y algoritmos, el análisis predictivo ayuda a las empresas a prever futuros escenarios. Por ejemplo, las empresas de retail pueden utilizar estos modelos para predecir la demanda de ciertos productos en épocas específicas del año, optimizando así sus niveles de inventario.

2. Machine Learning: El machine learning permite que las máquinas "aprendan" a partir de los datos sin necesidad de ser programadas explícitamente para ello. Esto es especialmente útil en áreas como la detección de fraudes financieros, donde los algoritmos pueden identificar patrones anómalos que un ser humano podría pasar por alto.

3. Big Data: La capacidad de manejar grandes volúmenes de datos en tiempo real es esencial en un mundo donde la información fluye a una velocidad vertiginosa. Con las herramientas adecuadas, las empresas pueden analizar grandes conjuntos de datos para obtener insights sobre el comportamiento del consumidor, optimizar procesos internos y reducir costos.

Estudio de Caso: La transformación de General Electric (GE)

General Electric, una de las empresas industriales más grandes del mundo, ha implementado estas tecnologías para transformarse en una empresa digital. Utilizando el big data y el análisis predictivo, GE monitorea sus activos en tiempo real, desde motores de aviones hasta turbinas eólicas. Esto le permite prever cuándo una máquina puede fallar y realizar mantenimiento preventivo antes de que ocurra un problema, reduciendo costos y mejorando la eficiencia operativa.

Toma de Decisiones Rápida y Ágil en un Entorno Digital Cambiante

En un entorno digital, la velocidad lo es todo. Las empresas necesitan ser ágiles, capaces de tomar decisiones rápidas sin sacrificar la calidad. Aquí es donde las herramientas digitales juegan un papel crucial. A medida que el mundo cambia rápidamente, las empresas que se aferran a viejas formas de hacer las cosas quedarán rezagadas. La capacidad para adaptarse, aprender y evolucionar es clave para el éxito futuro.

Ejemplo: Zara y la agilidad en la toma de decisiones

Zara, la famosa cadena de moda, es un ejemplo perfecto de cómo la agilidad en la toma de decisiones puede ser un diferenciador clave. En lugar de seguir el ciclo de moda tradicional de lanzamientos de temporada, Zara utiliza análisis en tiempo real para ajustar su inventario y sus diseños según lo que los clientes están comprando en ese momento. Este enfoque le permite a la empresa reducir el tiempo de diseño y producción, y responder rápidamente a las tendencias emergentes, lo que les da una ventaja competitiva significativa.

La Toma de Decisiones Colaborativa: Impulsando la Innovación

En un entorno empresarial dinámico y digital, la toma de decisiones no debe estar aislada en manos de unos pocos directivos. Las empresas que fomentan una cultura de colaboración y toma de decisiones descentralizada son más innovadoras y ágiles. Al involucrar a diferentes niveles de la organización y aprovechar la diversidad de ideas, las empresas pueden tomar decisiones más informadas y efectivas.

Ejemplo: Google y la innovación colaborativa

Google es conocido por su enfoque colaborativo en la toma de decisiones. A través de su famoso programa "20% time", los empleados pueden dedicar una parte de su tiempo a proyectos que no necesariamente están relacionados con su trabajo diario. Este enfoque ha dado lugar a innovaciones importantes, como Gmail y Google Maps. Fomentar un entorno donde las ideas fluyan y se valoren diferentes perspectivas puede llevar a tu empresa a descubrir soluciones innovadoras y disruptivas.

Soluciones Prácticas para Implementar de Inmediato

Ahora que entendemos la importancia de la toma de decisiones en la era digital, es fundamental implementar estrategias prácticas que transformen tu negocio. A continuación, se presentan algunas soluciones que puedes aplicar de inmediato:

1. Implementa un Sistema de Gestión de Datos Eficiente: Asegúrate de que tu empresa tenga una infraestructura que capture, almacene y analice datos de manera efectiva. Herramientas como Power BI o Tableau pueden ayudarte a visualizar los datos de manera clara y comprensible.

2. Incorpora la IA en tus Procesos de Decisión: Desde la personalización de la experiencia del cliente hasta la optimización de la cadena de suministro, la IA puede transformar cómo operas. No necesitas ser una gran empresa para empezar; soluciones accesibles como chatbots o sistemas de recomendación pueden marcar una gran diferencia.

3. Fomenta una Cultura de Innovación Colaborativa: La toma de decisiones no debe ser jerárquica. Fomenta la colaboración entre equipos y crea espacios donde las ideas fluyan libremente. Herramientas de gestión de proyectos como Trello o Slack pueden facilitar esta colaboración.

4. Capacita a tu Equipo en el Uso de Nuevas Tecnologías: La capacitación continua es clave para mantener a tu equipo actualizado y alineado con las últimas tendencias tecnológicas. Ofrece programas de formación sobre el uso de IA, análisis de datos y otras herramientas digitales.

5. Sé Ágil en la Toma de Decisiones: No esperes demasiado para tomar decisiones. En un entorno digital, la velocidad es esencial. Implementa metodologías ágiles, como SCRUM, que permitan iterar rápidamente y adaptarse a los cambios.

El Futuro de la Toma de Decisiones: Más Allá del 2024

A medida que avanzamos hacia un futuro cada vez más impulsado por la tecnología, la toma de decisiones empresariales continuará evolucionando. La IA seguirá desarrollándose, y herramientas como el blockchain y el metaverso presentarán nuevas oportunidades para las empresas. Estar preparado para adaptarse a estos cambios será clave para el éxito.

Visión Futura: El rol del metaverso en la toma de decisiones empresariales

El metaverso está emergiendo como una plataforma revolucionaria para las empresas. Imagínate tomando decisiones sobre productos en un entorno virtual, interactuando con tus clientes de manera inmersiva antes de lanzar un nuevo producto. Empresas como Nike ya están explorando el uso del metaverso para interactuar con sus clientes y ofrecer experiencias personalizadas.

Un Futuro Brillante para los Líderes Decisivos

El futuro pertenece a aquellos que estén dispuestos a evolucionar y adaptarse. Al adoptar un enfoque basado en datos, implementar herramientas avanzadas de IA y fomentar la colaboración dentro de tu empresa, podrás tomar decisiones más inteligentes y ágiles. Este es un momento emocionante para ser parte del mundo empresarial. Con las herramientas y la mentalidad adecuadas, el éxito está al alcance. ¡Es hora de tomar el control de tu futuro empresarial con confianza, determinación y una visión clara!

Herramientas Tecnológicas que están Revolucionando los Negocios: Cómo Adaptarse a la Velocidad del Cambio

Vivimos en una era donde la velocidad del cambio tecnológico no tiene precedentes. En cuestión de años, tecnologías que apenas existían en el radar empresarial han evolucionado para convertirse en pilares fundamentales de la innovación. Los negocios que no sepan adaptarse a este ritmo vertiginoso corren el riesgo de quedar obsoletos, mientras que aquellos que entiendan el poder de estas herramientas pueden aprovechar las oportunidades y dominar su mercado. Hoy más que nunca, adaptarse no es solo una ventaja competitiva, es una cuestión de supervivencia.

En este capítulo exploraremos cómo la tecnología está transformando el panorama empresarial, las herramientas clave que están acelerando este cambio, y lo más importante, cómo puedes integrarlas en tu negocio para mantenerte a la vanguardia. Desde la inteligencia artificial hasta la automatización y la analítica avanzada, las oportunidades están al alcance de tu mano. El cambio puede ser intimidante, pero también es emocionante y lleno de potencial. Con las estrategias correctas, puedes no solo mantenerte al día, sino liderar el futuro.

La Inteligencia Artificial: El Cerebro detrás de las Decisiones Estratégicas

La inteligencia artificial (IA) ha dejado de ser una promesa del futuro para convertirse en el corazón de las decisiones empresariales inteligentes. Las empresas más innovadoras ya están utilizando la IA para mejorar sus procesos, optimizar la experiencia del cliente y anticipar tendencias futuras. Tomemos el ejemplo de Amazon, un gigante que ha integrado IA en casi todos sus aspectos operativos. Desde el sistema de recomendaciones de productos hasta la gestión de su cadena de suministro, Amazon utiliza algoritmos avanzados para anticipar la demanda y adaptar su inventario en tiempo real. Este tipo de agilidad no solo mejora la eficiencia operativa, sino que también ofrece una experiencia al cliente inigualable, lo que ha ayudado a consolidar a Amazon como líder en su industria.

¿Qué significa esto para tu negocio? La IA no es solo para las grandes corporaciones. Hoy en día, existen soluciones asequibles y accesibles para empresas de cualquier tamaño. Herramientas como ChatGPT, Google AI y IBM Watson permiten automatizar la atención al cliente, realizar análisis de datos avanzados y predecir comportamientos de mercado con precisión. Imagina tener un asistente virtual disponible 24/7 que no solo responde preguntas frecuentes, sino que también identifica patrones de comportamiento en tus clientes, sugiere ofertas personalizadas y mejora la retención. Al integrar la IA en tu negocio, puedes reducir costos, aumentar la eficiencia y tomar decisiones más informadas.

La Automatización: Aumentando la Productividad sin Complicaciones

En un mundo empresarial donde el tiempo es oro, la automatización ha emergido como la clave para escalar sin aumentar proporcionalmente la complejidad operativa. Las tareas repetitivas y manuales, como la gestión de correos electrónicos, el seguimiento de clientes potenciales o la generación de informes, pueden consumir un tiempo valioso que sería mejor utilizado en la estrategia y la innovación. Aquí es donde herramientas como Zapier, HubSpot, y Trello entran en juego.

Zapier, por ejemplo, permite conectar diferentes aplicaciones para automatizar tareas entre ellas sin necesidad de conocimientos técnicos avanzados. Un ejemplo práctico: cada vez que un cliente potencial rellena un formulario en tu sitio web, Zapier puede automáticamente agregar la información a tu CRM, enviar un correo electrónico de bienvenida personalizado y crear una tarea de seguimiento en tu herramienta de gestión de proyectos. Esto significa que tu equipo puede centrarse en lo que realmente importa: cerrar ventas y construir relaciones de valor.

Otro caso inspirador es el de Tesla, que utiliza la automatización en sus fábricas para producir autos eléctricos de manera más rápida y eficiente que cualquier competidor. Su famosa "Gigafactory" es un ejemplo perfecto de cómo la combinación de IA y automatización puede transformar no solo una empresa, sino una industria completa.

Pero, ¿cómo puedes aplicar esto a tu negocio? El truco está en identificar primero las áreas donde estás gastando tiempo en tareas que podrían ser automatizadas. Luego, elige las herramientas que mejor se adapten a tus necesidades y comienza con pequeños procesos. La automatización no tiene que ser un cambio radical inmediato; puede ser un proceso progresivo que libere recursos poco a poco y te permita enfocarte en el crecimiento.

El Poder de la Analítica Avanzada: Transformando Datos en Decisiones

Uno de los mayores activos que cualquier empresa posee en la actualidad es su data. Cada clic, compra, interacción o consulta es una mina de oro de información. Sin embargo, esos datos no sirven de mucho si no los transformamos en decisiones estratégicas. Aquí es donde la analítica avanzada entra en juego. Empresas como Netflix y Spotify han utilizado la analítica predictiva para revolucionar sus modelos de negocio, recomendando contenido basado en el comportamiento del usuario y aumentando significativamente la lealtad de sus clientes.

Imagina por un momento que tienes la capacidad de anticipar las necesidades de tus clientes antes de que ellos mismos las reconozcan. Herramientas como Google Analytics,

Power BI y Tableau permiten a las empresas analizar grandes volúmenes de datos y extraer insights valiosos en tiempo real. Desde patrones de comportamiento del cliente hasta la previsión de ventas, la analítica avanzada te ofrece una ventaja competitiva única.

Un ejemplo concreto: si tienes una tienda de e-commerce, la analítica avanzada puede identificar patrones de compra que no son evidentes a simple vista. Tal vez descubres que ciertos productos tienden a venderse mejor en combinación con otros, o que un segmento específico de clientes es más propenso a realizar compras recurrentes si se les ofrece una oferta personalizada. Estos insights no solo mejoran la toma de decisiones, sino que te permiten personalizar tu oferta de manera mucho más precisa, generando mayores ingresos y una mejor experiencia para el cliente.

La Revolución del Trabajo Remoto: Flexibilidad, Innovación y Colaboración Global

Otra tendencia que ha transformado la manera en que operan las empresas es el trabajo remoto. Antes visto como una opción secundaria, hoy se ha convertido en un estándar en muchas industrias, acelerado por la pandemia del COVID-19. Herramientas como Slack, Zoom, y Microsoft Teams han hecho posible que equipos enteros puedan trabajar de manera eficiente desde cualquier parte del mundo, permitiendo a las empresas acceder a un talento global sin restricciones geográficas.

El caso de GitLab, una empresa que opera de manera completamente remota, es un ejemplo perfecto de cómo una estrategia digital puede ser no solo viable, sino exitosa. GitLab tiene empleados distribuidos en más de 60 países, y ha demostrado que el trabajo remoto puede ser tan productivo, si no más, que el trabajo en oficinas tradicionales. Además, permite una mayor flexibilidad, lo que a su vez incrementa la satisfacción y retención de los empleados.

¿Cómo puedes implementar esta revolución en tu propio negocio? El primer paso es adoptar las herramientas adecuadas que faciliten la colaboración y la comunicación. Plataformas como Asana y ClickUp permiten gestionar proyectos de manera eficiente, mientras que Slack y Zoom mantienen a los equipos conectados. Lo importante es construir una cultura de confianza y responsabilidad, donde los empleados tengan la flexibilidad para trabajar desde cualquier lugar, pero con objetivos claros y herramientas que les permitan cumplirlos.

Blockchain: Transparencia y Seguridad en las Transacciones Digitales

Una tecnología que está en pleno auge y que promete transformar múltiples industrias es el blockchain. Si bien ha sido popularizado por las criptomonedas como el Bitcoin, el blockchain tiene aplicaciones mucho más amplias, desde la gestión de la cadena de suministro hasta la protección de datos sensibles. El blockchain ofrece una manera segura y transparente de realizar transacciones, eliminando intermediarios y reduciendo los costos asociados.

Un ejemplo de su implementación en el mundo real es el de Walmart, que ha comenzado a utilizar blockchain para rastrear el origen de los alimentos en su cadena de suministro. Esta tecnología permite que Walmart y sus clientes puedan verificar la autenticidad y el origen de los productos, lo que aumenta la transparencia y la confianza del consumidor.

Para las pequeñas y medianas empresas, el blockchain puede ser una herramienta poderosa para asegurar contratos digitales, gestionar pagos internacionales de manera más rápida y económica, o incluso proteger los derechos de propiedad intelectual. El reto aquí es familiarizarse con esta tecnología y buscar las oportunidades correctas para implementarla.

Adaptarse a la Velocidad del Cambio: Estrategias para el Éxito

La velocidad del cambio tecnológico no muestra signos de desaceleración. Para muchas empresas, el desafío no es solo mantenerse al día, sino adelantarse a la curva. Aquí te presentamos algunas estrategias clave para adaptarte con éxito a este entorno dinámico:

1. Invierte en Capacitación y Desarrollo Continuo: El aprendizaje no termina una vez que implementas una nueva herramienta. Asegúrate de que tú y tu equipo estén siempre actualizados en las últimas tendencias y habilidades tecnológicas. Plataformas como Coursera, Udemy y LinkedIn Learning ofrecen cursos accesibles para que puedas estar al tanto de las innovaciones que impactan tu industria.

2. Adopta una Mentalidad de Prueba y Error: No todas las herramientas o tecnologías serán adecuadas para tu negocio desde el primer momento. Está bien experimentar, medir los resultados y ajustar. La clave es no temer al fracaso, sino verlo como una oportunidad para aprender y mejorar.

3. Crea una Cultura de Innovación: Fomenta un ambiente donde la creatividad y la innovación sean valores fundamentales. Los empleados deben sentirse empoderados para sugerir nuevas ideas y probar nuevos enfoques. Un ejemplo inspirador es el de Google, que permite a sus empleados dedicar el 20% de su tiempo a proyectos personales, lo que ha generado innovaciones tan grandes como Gmail y Google Maps.

4. Establece Alianzas Estratégicas: No tienes que hacer todo solo. Busca alianzas con startups tecnológicas, consultorías o incluso universidades para mantenerte al día con las tendencias emergentes y tener acceso a las mejores herramientas y prácticas.

5. Mantén al Cliente en el Centro: A medida que implementes nuevas tecnologías, nunca pierdas de vista lo que realmente importa: tus clientes. Las herramientas que elijas deben mejorar la experiencia del cliente, ya sea ofreciendo mayor personalización, un servicio más rápido o una mayor transparencia.

Acelerando hacia el Futuro

El mundo empresarial está en constante evolución, y la tecnología es el motor que impulsa este cambio. Pero no basta con adaptarse pasivamente; debes estar dispuesto a liderar la transformación, adoptar nuevas herramientas y redefinir la manera en que operas. La velocidad del cambio puede parecer abrumadora, pero es también una oportunidad para crecer, innovar y prosperar.

Tienes en tus manos la posibilidad de aprovechar las herramientas más avanzadas de nuestra era. La inteligencia artificial, la automatización, la analítica avanzada, el trabajo remoto y el blockchain son solo algunas de las tecnologías que están transformando el mundo de los negocios. ¿Estás listo para acelerar hacia el futuro y asegurar tu lugar en el mercado del mañana? El momento de actuar es ahora.

Herramienta Tecnológica	Impacto en los Negocios	Ejemplos del Mundo Real	Beneficios Potenciales
Inteligencia Artificial (IA)	Optimización de procesos, predicción de tendencias, personalización del cliente, automatización de tareas complejas.	**Amazon**: Recomendaciones de productos y gestión de inventario.	Eficiencia, toma de decisiones basada en datos, mejora de experiencia.
Automatización	Aumento de la productividad, reducción de tareas manuales repetitivas.	**Tesla**: Automatización en fábricas para producción más rápida.	Reducción de costos operativos, ahorro de tiempo, aumento de escalabilidad.
Analítica Avanzada	Transformación de datos en decisiones estratégicas, identificación de patrones de comportamiento.	**Netflix**: Recomendaciones de contenido personalizadas.	Mayor personalización, previsión de tendencias, mejora en la toma de decisiones.
Trabajo Remoto	Flexibilidad operativa, acceso a talento global, mejora en la satisfacción y retención de empleados.	**GitLab**: Empresa totalmente remota con empleados en más de 60 países.	Ahorro en costos de oficina, acceso a talento global, mayor satisfacción del empleado.

Blockchain	Seguridad en transacciones, transparencia, reducción de intermediarios.	**Walmart**: Rastreabilidad en la cadena de suministro para garantizar autenticidad.	Reducción de costos transaccionales, mayor confianza del consumidor, protección de datos.
Plataformas de Automatización	Conexión entre diferentes aplicaciones para automatizar flujos de trabajo.	**Zapier**: Automatización de tareas entre aplicaciones como CRM y email.	Optimización de flujos de trabajo, mayor agilidad operativa.

CAPÍTULO 2: INTELIGENCIA ARTIFICIAL Y BIG DATA: DECISIONES BASADAS EN DATOS

En el entorno empresarial moderno, la transformación digital ha dejado de ser una opción y se ha convertido en una necesidad. Empresas de todos los sectores están adoptando herramientas avanzadas como la inteligencia artificial (IA) y el big data para tomar decisiones más informadas, estratégicas y ágiles. Estas tecnologías, que hasta hace pocos años parecían futuristas, ahora son fundamentales para mantenerse competitivo en un mercado global cambiante.

El Poder de la IA y el Big Data en la Estrategia Empresarial

La IA y el big data tienen la capacidad de transformar radicalmente cómo operan las empresas. Desde la mejora en la eficiencia operativa hasta la personalización de productos y servicios, estas tecnologías ofrecen innumerables oportunidades para optimizar cada aspecto del negocio. Sin embargo, el verdadero potencial de estas herramientas no se realiza sin una estrategia bien diseñada que las incorpore de manera integral en la toma de decisiones.

Imagina una empresa de retail global que implementa IA para analizar el comportamiento de compra de millones de clientes. En lugar de tomar decisiones basadas en suposiciones, ahora puede anticipar patrones de compra, ajustar inventarios en tiempo real y ofrecer recomendaciones personalizadas, incrementando tanto las ventas como la satisfacción del cliente. Este es solo un ejemplo de cómo las decisiones basadas en datos pueden cambiar el rumbo de una organización.

Cómo Implementar IA y Big Data en la Estrategia Empresarial

1. Identificar las Necesidades de Datos:

Antes de sumergirse en la implementación de IA y big data, es fundamental que las empresas definan claramente qué datos necesitan y cómo esos datos pueden influir en sus decisiones estratégicas. Un enfoque claro y centrado permitirá a la organización recopilar los datos más relevantes, evitando el exceso de información no procesable que puede abrumar el sistema.

Por ejemplo, una empresa del sector salud puede centrarse en recopilar datos de comportamiento del paciente, historial médico y tratamientos previos para mejorar el diagnóstico y la personalización del cuidado. Sin una estrategia de recolección clara, estos datos pueden perderse o no ser utilizados de manera efectiva.

2. Invertir en Infraestructura de Big Data y Herramientas de IA:

Una vez identificadas las necesidades de datos, la empresa debe invertir en infraestructura tecnológica que soporte la recopilación, almacenamiento y análisis de esos datos. Esto incluye sistemas de gestión de bases de datos, plataformas de análisis y algoritmos de IA que puedan manejar grandes volúmenes de información de manera eficiente.

Las soluciones en la nube, por ejemplo, son una opción excelente para empresas que desean escalar sus capacidades sin hacer grandes inversiones en servidores físicos. Plataformas como Google Cloud o Microsoft Azure ofrecen opciones flexibles para el análisis de big data y la implementación de IA, permitiendo a las organizaciones transformar sus datos en información procesable.

3. Capacitar al Talento Interno:

Para que la adopción de IA y big data sea efectiva, el talento humano debe estar alineado con estas nuevas tecnologías. Es esencial invertir en la capacitación de los equipos, para que no solo comprendan cómo utilizar estas herramientas, sino también cómo interpretar los resultados que generan y tomar decisiones en consecuencia.

Un caso ejemplar es el de General Electric, que capacitó a sus empleados en análisis de datos para mejorar la eficiencia operativa de sus plantas de manufactura. Esta inversión en el desarrollo del talento interno permitió a GE mejorar drásticamente sus procesos productivos.

Soluciones Prácticas y Herramientas para Adoptar IA y Big Data

Automatización de Procesos con IA:

Uno de los usos más comunes de la IA es la automatización de tareas repetitivas y que consumen mucho tiempo. Desde la atención al cliente hasta la gestión de la cadena de suministro, las empresas están implementando bots y sistemas de IA para mejorar la eficiencia.

Un ejemplo de éxito es el de Amazon, cuya cadena logística global está impulsada por IA y robótica. Gracias a estas tecnologías, Amazon puede gestionar millones de pedidos al día de manera eficiente y con un margen de error mínimo.

Análisis Predictivo para Anticipar Tendencias:

La capacidad de predecir futuros comportamientos del mercado o de los consumidores es una de las mayores ventajas del big data. Herramientas de análisis predictivo permiten a las empresas tomar decisiones basadas en datos concretos y modelar diferentes escenarios para anticiparse a las tendencias.

Netflix es un gran ejemplo de cómo utilizar análisis predictivo. A través de la recopilación de datos de visualización, la plataforma predice qué programas serán más populares y ajusta su producción en función de esos datos. Esto no solo reduce el riesgo de fracaso de sus producciones originales, sino que también mejora la experiencia del usuario, ya que las recomendaciones se ajustan a sus gustos individuales.

Personalización de la Experiencia del Cliente:

La IA y el big data permiten a las empresas ofrecer productos y servicios más personalizados, adaptando la experiencia de cada cliente de manera única. Desde recomendaciones en línea hasta campañas de marketing personalizadas, los datos permiten ofrecer soluciones más precisas que incrementan la lealtad del cliente y mejoran los resultados de negocio.

Spotify, por ejemplo, utiliza IA para analizar los hábitos de escucha de sus usuarios y crear listas de reproducción personalizadas. Este enfoque no solo mantiene a los usuarios comprometidos, sino que también impulsa la lealtad a la plataforma.

Estudios de Caso: Empresas que Han Triunfado con IA y Big Data

1. Google y el Análisis de Datos Masivos:

Google es uno de los mayores usuarios de IA y big data en el mundo. A través de su plataforma de búsqueda y publicidad, Google recopila enormes volúmenes de datos que luego utiliza para mejorar la precisión de sus algoritmos de búsqueda y optimizar sus campañas publicitarias. Esto no solo ha permitido a la empresa dominar el mercado de la publicidad digital, sino también ofrecer mejores resultados a sus usuarios, creando un ciclo virtuoso de crecimiento.

2. Tesla y la IA en los Vehículos Autónomos:

Tesla ha revolucionado la industria automotriz con sus vehículos autónomos impulsados por IA. A través de una combinación de big data y aprendizaje automático, los coches de Tesla pueden aprender de millones de kilómetros recorridos por otros vehículos, mejorando continuamente su capacidad para conducir de manera segura y eficiente. Este uso innovador de IA ha colocado a Tesla en la vanguardia del transporte del futuro.

3. Walmart y la Optimización del Inventario:

Walmart, la cadena de supermercados más grande del mundo, ha implementado big data e IA para optimizar su inventario en tiempo real. Gracias a estos avances, puede anticipar la demanda de productos, ajustar los niveles de inventario y reducir los costos operativos. El resultado ha sido una cadena de suministro mucho más ágil y eficiente, lo que se traduce en mejores márgenes de beneficio y una experiencia de compra más fluida para los clientes.

Cómo las Decisiones Basadas en Datos Transforman los Negocios

La IA y el big data no son solo herramientas tecnológicas; son motores estratégicos que permiten a las empresas tomar decisiones más informadas, precisas y rápidas. En un entorno empresarial cada vez más competitivo, donde los cambios son constantes y la velocidad es clave, las organizaciones que logran aprovechar el poder de los datos se posicionan mejor para triunfar.

Acelerando la Innovación:

Las empresas que basan sus decisiones en datos tienen la capacidad de innovar más rápido. Al identificar tendencias antes que sus competidores, pueden desarrollar productos y servicios que satisfagan las necesidades emergentes del mercado. Este enfoque proactivo y centrado en los datos es la clave para mantenerse relevante en un mundo donde la tecnología avanza a un ritmo acelerado.

Mejorando la Agilidad Empresarial:

Las organizaciones ágiles son aquellas que pueden adaptarse rápidamente a los cambios del mercado. La IA y el big data proporcionan a los líderes empresariales la información que necesitan para pivotar rápidamente cuando surgen nuevas oportunidades o desafíos. Esto no solo mejora la resiliencia de la empresa, sino que también la hace más competitiva a largo plazo.

Optimización de Recursos:

La capacidad de analizar grandes volúmenes de datos permite a las empresas optimizar el uso de sus recursos, reduciendo el desperdicio y mejorando la eficiencia operativa. Al identificar patrones en el uso de recursos, las empresas pueden ajustar sus operaciones para maximizar el valor generado por cada dólar invertido.

Futuro: IA y Big Data en la Próxima Década

La próxima década promete avances aún mayores en IA y big data. La integración de estas tecnologías con otras innovaciones, como el internet de las cosas (IoT) y la computación cuántica, abrirá nuevas fronteras en la toma de decisiones estratégicas. Las empresas que adopten estas tecnologías y las integren en sus procesos tendrán una ventaja competitiva significativa en el mercado global.

La IA y el big data no son solo herramientas del futuro; son una realidad presente que está transformando los negocios en todos los sectores. Al adoptar estas tecnologías, las empresas pueden mejorar su eficiencia, personalizar la experiencia del cliente y tomar decisiones más informadas que impulsen su éxito a largo plazo. Ahora es el momento de actuar y aprovechar el poder de los datos para liderar en un mundo digital en constante evolución.

En el mundo empresarial moderno, la capacidad para tomar decisiones estratégicas y efectivas ha cambiado radicalmente con el avance de la inteligencia artificial (IA) y el big data. Las empresas que anteriormente dependían de la intuición o de análisis de datos limitados ahora tienen la oportunidad de acceder a cantidades masivas de información en tiempo real y predecir tendencias del mercado con un grado de precisión sin precedentes. La IA y el big data no son solo tecnologías; son motores fundamentales para impulsar la innovación, optimizar operaciones y fortalecer la competitividad en un entorno de negocios cada vez más dinámico.

La Implementación de IA y Big Data en la Estrategia Empresarial

La inteligencia artificial y el big data proporcionan a las empresas una ventaja competitiva clave: la capacidad de convertir datos brutos en conocimientos prácticos. Sin embargo, el verdadero valor de estas tecnologías reside en su integración estratégica dentro de la organización. Para muchas empresas, la clave del éxito es no solo implementar IA o big data, sino hacerlo de manera que estas herramientas estén alineadas con los objetivos de la organización y puedan adaptarse rápidamente a los cambios del entorno.

1. Estructura de la Información: De la Recolección a la Implementación

Una de las primeras consideraciones al integrar IA y big data en la estrategia empresarial es la recolección de datos. Empresas como Amazon y Google han dominado el arte de recolectar datos no solo de los clientes, sino de cada interacción, preferencia, y hasta micro-momentos que ofrecen una visión detallada del comportamiento del consumidor. La clave es no acumular datos por acumular, sino establecer estructuras y procesos que permitan analizar esos datos de manera eficiente y convertirlos en decisiones estratégicas.

Por ejemplo, en el sector minorista, empresas como Walmart han implementado sistemas basados en IA para gestionar inventarios de forma inteligente. Utilizan big data para predecir las tendencias de demanda, ajustar automáticamente los niveles de stock y optimizar las rutas de distribución. Esto no solo reduce costos, sino que mejora la experiencia del cliente al garantizar que los productos estén disponibles en el momento adecuado y en la ubicación correcta.

2. Personalización de Experiencias a Gran Escala

Las empresas que lideran con big data e IA han perfeccionado el arte de la personalización. Plataformas como Netflix y Spotify han llevado esto a otro nivel mediante algoritmos que no solo recomiendan contenido basándose en el comportamiento pasado del usuario, sino que también predicen qué contenido será popular en el futuro. Esta capacidad para anticipar las preferencias del consumidor ha creado experiencias de usuario más satisfactorias y una lealtad de marca sin precedentes.

En el sector bancario, instituciones como BBVA han utilizado IA para crear experiencias personalizadas para sus clientes, ofreciendo soluciones financieras adaptadas a las necesidades individuales. Utilizan algoritmos avanzados para analizar patrones de gasto y ofrecer asesoramiento financiero personalizado, lo que ha resultado en una mayor satisfacción y retención de clientes.

Cómo Utilizar los Datos para Anticipar Cambios del Mercado

Uno de los aspectos más poderosos del uso de la inteligencia artificial y el big data en los negocios es la capacidad de predecir cambios en el mercado antes de que ocurran. En un entorno global volátil, donde las tendencias pueden cambiar rápidamente, contar con herramientas que ayuden a las empresas a anticiparse a esos cambios es invaluable.

1. Análisis Predictivo: Detectando Señales del Futuro

El análisis predictivo, basado en grandes volúmenes de datos y alimentado por la inteligencia artificial, permite a las empresas identificar patrones y hacer predicciones sobre el futuro. En lugar de reaccionar a los cambios del mercado, las empresas que adoptan esta tecnología pueden anticiparse a ellos. Esto les permite no solo minimizar riesgos, sino también aprovechar oportunidades antes de que sus competidores las detecten.

Un excelente ejemplo es el sector de la moda. Zara, una de las empresas líderes en la industria del fast fashion, ha implementado un modelo de análisis predictivo que utiliza tanto datos históricos de ventas como señales emergentes de las redes sociales para prever tendencias. Esto les permite ajustar sus colecciones en tiempo real y mantener un ritmo que la mayoría de sus competidores no pueden igualar.

2. IA para la Evaluación del Riesgo y la Mitigación de Crisis

La capacidad de la IA para procesar enormes cantidades de información también es crucial en la gestión de riesgos y la mitigación de crisis. Empresas como General Electric han utilizado la IA para monitorizar constantemente el rendimiento de sus equipos industriales en todo el mundo. Al detectar patrones anómalos en los datos operativos, pueden anticipar fallos antes de que ocurran, lo que reduce el tiempo de inactividad y los costos asociados con reparaciones imprevistas.

En el sector financiero, las instituciones están utilizando IA para prever riesgos en los mercados de valores y tomar decisiones informadas que minimicen las pérdidas en períodos de alta volatilidad. Los modelos basados en IA pueden analizar variables económicas globales y predecir cómo estos factores afectarán los mercados en el futuro cercano, lo que da a los inversores una ventaja competitiva clara.

Casos de Éxito: Empresas que Lideran con Decisiones Basadas en Datos

A lo largo de los últimos años, hemos sido testigos de cómo las empresas que han adoptado la IA y el big data de manera estratégica han logrado un éxito sin precedentes. A continuación, se presentan algunos casos de éxito que ilustran cómo estas herramientas han transformado industrias enteras.

1. Airbnb: Optimización de Precios Dinámicos

Airbnb, la plataforma de alquiler de alojamientos, ha implementado un sistema de precios dinámicos basado en IA. Este sistema utiliza grandes volúmenes de datos, que incluyen variables como la ubicación, la demanda local, las fechas especiales y las tendencias históricas de precios, para ajustar automáticamente las tarifas de las propiedades. Esto no solo maximiza las ganancias de los anfitriones, sino que también garantiza que los precios sean competitivos y atractivos para los usuarios.

Gracias a esta implementación de IA, Airbnb ha podido mantener su liderazgo en el mercado de alquileres a corto plazo, proporcionando una experiencia tanto para anfitriones como para huéspedes que es personalizada, eficiente y rentable.

2. Tesla: Innovación en Conducción Autónoma

Tesla es una de las empresas más emblemáticas en cuanto al uso de inteligencia artificial para transformar no solo una industria, sino el concepto mismo de movilidad. Los sistemas de conducción autónoma de Tesla dependen en gran medida del análisis de big data. Los vehículos Tesla recopilan datos de cada viaje, que luego son procesados y utilizados para mejorar los algoritmos de conducción autónoma en tiempo real.

Esta capacidad para aprender de los datos y mejorar continuamente ha posicionado a Tesla a la vanguardia de la innovación en la industria automotriz. La empresa ha demostrado que la IA puede ir más allá de la optimización de procesos, revolucionando completamente un sector.

Liderando el Futuro con Datos

La integración de la inteligencia artificial y el big data en la estrategia empresarial no es solo una cuestión de optimización; es una cuestión de supervivencia en un mundo cada vez más digital. Las empresas que lideran con decisiones basadas en datos son las que están mejor posicionadas para aprovechar las oportunidades del mañana. Estas tecnologías ofrecen a las organizaciones la capacidad de ser proactivas en lugar de reactivas, de anticipar cambios y de adaptarse rápidamente a las nuevas realidades del mercado.

El futuro de los negocios pertenece a aquellos que entienden el poder de los datos y están dispuestos a invertir en las tecnologías que los aprovechan. Para las empresas que buscan liderar, ahora es el momento de adoptar una estrategia basada en IA y big data. Esta inversión no solo mejorará el rendimiento actual, sino que también preparará a las organizaciones para los desafíos del futuro, ofreciendo una ventaja competitiva sostenible en un mundo que nunca deja de cambiar.

Aspecto Clave	Descripción	Ejemplos de Casos de Éxito	Estadísticas/Impacto
Recolección y Análisis de Datos	Captura de grandes volúmenes de datos, estructurados y no estructurados, para obtener insights clave.	Amazon, Google, Walmart	Las empresas que utilizan big data experimentan un 8-10% de aumento en la eficiencia operativa. (McKinsey)
Personalización a Gran Escala	Creación de experiencias personalizadas mediante el análisis de datos de comportamiento de usuarios.	Netflix, Spotify, BBVA	Netflix atribuye el 80% de su contenido visualizado a recomendaciones generadas por IA. (Fortune)
Análisis Predictivo	Uso de IA para predecir tendencias del mercado y tomar decisiones informadas antes de que ocurran.	Zara, General Electric	El análisis predictivo puede mejorar las tasas de acierto en decisiones empresariales hasta en un 25%. (Forbes)
Optimización de Procesos y Reducción de Costos	Automatización de inventarios, logística y rutas de distribución mediante algoritmos de IA.	Walmart, Tesla	Empresas que utilizan IA para la optimización de procesos logran una reducción de costos del 20-30%. (Gartner)

Gestión de Riesgos y Mitigación de Crisis	IA aplicada para anticipar fallos y minimizar riesgos financieros en períodos de volatilidad.	General Electric, Instituciones financieras	Las empresas que usan IA para la gestión de riesgos reducen las pérdidas potenciales en un 15-20%. (Harvard Business Review)
Precios Dinámicos	Ajuste automático de precios basado en factores como demanda, ubicación y fechas.	Airbnb	El uso de precios dinámicos aumenta las ganancias de Airbnb en un 5-10% según estimaciones. (Airbnb Business Insights)
Innovación en Productos y Servicios (Conducción Autónoma)	Uso de big data e IA para el aprendizaje continuo y desarrollo de nuevas tecnologías.	Tesla	Los vehículos Tesla recolectan más de 4 TB de datos al día para mejorar los algoritmos de conducción autónoma. (Data Center Knowledge)
Mejora Continua de Modelos de Negocio	Implementación de IA y big data para evaluar constantemente la efectividad del modelo empresarial.	Amazon, Tesla	El 53% de las empresas consideran que la IA es esencial para mantenerse competitivas en la próxima década. (PwC)

CAPÍTULO 3: AUTOMATIZACIÓN INTELIGENTE: EL NUEVO MOTOR DEL CRECIMIENTO

La automatización inteligente ha emergido como uno de los pilares fundamentales en la transformación digital de las empresas. En la actualidad, las organizaciones no solo buscan optimizar sus procesos, sino también incorporar tecnologías que les permitan mantenerse competitivas en un mercado global cada vez más demandante y acelerado. La integración de inteligencia artificial (IA), el aprendizaje automático (machine learning) y la robótica en las operaciones comerciales ha revolucionado la manera en que las empresas gestionan sus recursos, reducen costos y aumentan la eficiencia. Este capítulo abordará los principales desafíos que enfrentan las empresas al implementar la automatización inteligente y las aplicaciones prácticas que pueden adoptar para maximizar su potencial.

Desafíos en la Implementación de la Automatización Inteligente

Aunque la automatización inteligente promete enormes beneficios, las empresas se enfrentan a varios obstáculos al intentar integrarla en sus operaciones. Estos desafíos van más allá de la simple adopción tecnológica y abarcan aspectos estratégicos, humanos y financieros.

1. Resistencia al cambio organizacional

La resistencia al cambio es uno de los desafíos más comunes y significativos en la adopción de la automatización inteligente. Los empleados y gerentes que han trabajado con métodos tradicionales durante años pueden temer que las nuevas tecnologías les quiten sus trabajos o cambien drásticamente sus roles. Esta preocupación puede generar una cultura organizacional adversa al cambio, en la que los empleados no solo eviten adoptar nuevas herramientas, sino que incluso puedan sabotear inconscientemente la implementación de las mismas. Para superar este desafío, las empresas deben invertir en programas de formación y recalificación que ayuden a los empleados a adaptarse a la automatización, y demostrarles que estas tecnologías no solo están diseñadas para reemplazar tareas, sino también para optimizar su trabajo, permitiéndoles concentrarse en funciones más estratégicas y de mayor valor.

2. Falta de integración tecnológica

Otro obstáculo significativo es la falta de integración fluida entre las nuevas tecnologías y los sistemas existentes. Las empresas que han invertido durante décadas en infraestructura tecnológica tradicional a menudo encuentran complicado incorporar herramientas de automatización inteligente. La falta de compatibilidad entre los sistemas heredados y las soluciones de automatización avanzada puede ralentizar la implementación y requerir costosos ajustes. Las organizaciones deben adoptar un enfoque gradual en la implementación de automatización inteligente, evaluando cómo se pueden integrar las nuevas soluciones con los sistemas existentes de manera eficiente y sin interrupciones significativas en sus operaciones.

3. Escalabilidad y complejidad

Si bien muchas empresas pueden comenzar con la automatización de tareas simples, la escalabilidad a niveles más avanzados y complejos sigue siendo un reto considerable. No todas las organizaciones están preparadas para automatizar procesos críticos o muy complejos, y la sobreautomatización puede generar fallos sistémicos si no se gestiona adecuadamente. Además, la automatización inteligente requiere grandes cantidades de datos precisos y actualizados para funcionar correctamente, lo que añade otro nivel de complejidad. El crecimiento desmesurado de datos puede volverse abrumador para las empresas que no están equipadas con las infraestructuras adecuadas para gestionarlos. Por lo tanto, la planificación estratégica y el análisis profundo de los procesos que deben automatizarse son esenciales para garantizar una escalabilidad exitosa.

4. Costos iniciales elevados

A pesar de los beneficios a largo plazo, los costos iniciales de la implementación de la automatización inteligente pueden ser prohibitivos para algunas empresas, especialmente para las pequeñas y medianas empresas (PYMEs). Las soluciones de automatización avanzada a menudo requieren inversiones significativas en hardware, software, consultoría externa y capacitación del personal. Aunque el retorno de la inversión (ROI) puede ser alto, las empresas deben estar preparadas para asumir el riesgo financiero inicial y planificar una implementación gradual que minimice la disrupción y optimice los recursos disponibles.

5. Ciberseguridad y riesgos de datos

La automatización inteligente, al depender de grandes cantidades de datos y la interconexión de sistemas, también aumenta los riesgos relacionados con la ciberseguridad. Las empresas que adoptan estas tecnologías deben asegurarse de que sus sistemas estén protegidos contra ataques externos y violaciones de datos. La automatización puede hacer que los sistemas sean más vulnerables si no se implementan las medidas de seguridad adecuadas, y un solo punto de fallo podría afectar a toda la cadena de automatización, causando interrupciones significativas. Para mitigar estos riesgos, es crucial que las organizaciones inviertan en estrategias de ciberseguridad, protección de datos y monitoreo continuo para mantener la integridad de sus sistemas automatizados.

Aplicaciones Prácticas de la Automatización Inteligente

A pesar de estos desafíos, las aplicaciones prácticas de la automatización inteligente ofrecen oportunidades inigualables para mejorar la eficiencia operativa, optimizar procesos y aumentar la competitividad. A continuación, se exploran algunas de las áreas clave donde la automatización avanzada puede transformar el funcionamiento de las empresas.

1. Optimización de la cadena de suministro

Uno de los sectores más beneficiados por la automatización inteligente es la gestión de la cadena de suministro. Mediante el uso de herramientas avanzadas como la robótica, el aprendizaje automático y el análisis predictivo, las empresas pueden optimizar el flujo de materiales y productos desde los proveedores hasta los clientes finales. Los sistemas automatizados pueden gestionar el inventario en tiempo real, prever la demanda futura y reducir el desperdicio mediante la optimización de los recursos. Además, las soluciones robóticas en los almacenes permiten una mayor eficiencia en la gestión y distribución de productos, reduciendo los tiempos de entrega y mejorando la satisfacción del cliente. Empresas como Amazon ya utilizan robots en sus centros de distribución para gestionar grandes volúmenes de productos de manera más eficiente, lo que les permite mantener su ventaja competitiva.

2. Automatización de procesos financieros

La automatización inteligente también ha demostrado ser muy eficaz en la gestión de procesos financieros. Las empresas pueden utilizar software avanzado para automatizar tareas repetitivas y propensas a errores, como la contabilidad, la facturación y la gestión de nóminas. Además, mediante el uso de IA y machine learning, las organizaciones pueden analizar grandes cantidades de datos financieros en tiempo real para detectar patrones de comportamiento inusuales que podrían indicar fraude o errores. Este tipo de automatización no solo reduce los costos operativos, sino que también mejora la precisión y eficiencia de las operaciones financieras, liberando al personal para que se enfoque en análisis financieros estratégicos y toma de decisiones críticas.

3. Atención al cliente mediante IA

La automatización inteligente ha transformado radicalmente la atención al cliente. Con la incorporación de chatbots impulsados por IA, las empresas pueden ofrecer soporte al cliente 24/7, respondiendo preguntas frecuentes, resolviendo problemas comunes y canalizando consultas más complejas a agentes humanos. Los chatbots no solo reducen los tiempos de espera y mejoran la experiencia del cliente, sino que también permiten a las empresas manejar un mayor volumen de interacciones sin aumentar el personal. Además, con el uso de IA avanzada, estos chatbots pueden aprender y adaptarse a las preferencias del cliente, ofreciendo respuestas más personalizadas con el tiempo.

4. Automatización en el sector manufacturero

El sector manufacturero ha sido históricamente uno de los mayores beneficiarios de la automatización, y con la automatización inteligente, las posibilidades son aún mayores. Las fábricas inteligentes, equipadas con robots colaborativos (cobots) y sistemas de control impulsados por IA, pueden optimizar la producción en tiempo real. Estos sistemas pueden monitorear el rendimiento de las máquinas, predecir fallos y realizar ajustes automáticamente para maximizar la eficiencia. Además, la IA permite a las empresas analizar grandes volúmenes de datos de producción para identificar cuellos de botella, mejorar la calidad del producto y reducir los desperdicios.

5. Optimización de la experiencia del cliente en el comercio electrónico

En el ámbito del comercio electrónico, la automatización inteligente ha permitido a las empresas mejorar la experiencia del cliente de manera significativa. Los sistemas de recomendación impulsados por IA analizan los comportamientos de los usuarios en tiempo real, ofreciendo recomendaciones de productos personalizadas que aumentan la probabilidad de compra. Además, la automatización de procesos logísticos permite entregas más rápidas y precisas, lo que mejora la satisfacción del cliente y reduce las tasas de devolución. Empresas como Alibaba y Amazon utilizan algoritmos avanzados para gestionar sus vastas operaciones de comercio electrónico, desde la personalización de la interfaz del cliente hasta la optimización de las entregas.

6. Recursos humanos y reclutamiento automatizado

El departamento de recursos humanos también se beneficia de la automatización inteligente. Las soluciones de IA y machine learning pueden analizar miles de solicitudes de empleo en cuestión de minutos, identificando a los candidatos más adecuados para un puesto basándose en sus habilidades, experiencia y adecuación cultural. Además, la automatización puede gestionar tareas repetitivas como la programación de entrevistas, la gestión de contratos y la incorporación de nuevos empleados, lo que permite a los profesionales de recursos humanos centrarse en actividades más estratégicas, como la retención de talento y la planificación del desarrollo profesional.

La automatización inteligente no es solo una herramienta para optimizar procesos; se ha convertido en el nuevo motor del crecimiento en la era digital. Si bien los desafíos para su implementación son reales, las oportunidades que ofrece para transformar las operaciones empresariales son inigualables. Desde la optimización de la cadena de suministro hasta la automatización de procesos financieros y la mejora de la experiencia del cliente, la automatización inteligente tiene el potencial de llevar a las empresas a un nuevo nivel de eficiencia, competitividad y rentabilidad. Las organizaciones que abracen esta transformación tecnológica no solo estarán mejor equipadas para afrontar los retos del futuro, sino que también estarán en una posición más sólida para liderar en sus respectivos mercados.

Estudios de Caso: Cómo la Automatización Mejora la Eficiencia Operativa y Estratégica

La automatización ha sido un motor clave en la transformación de los modelos de negocio a nivel global, ayudando a las empresas a alcanzar niveles de eficiencia operativa y estratégica sin precedentes. La implementación de tecnologías automatizadas no solo ha permitido a las organizaciones reducir costos y optimizar recursos, sino que también ha redefinido por completo la forma en que se gestionan las operaciones diarias y se implementan estrategias empresariales a largo plazo. En este capítulo, examinaremos en detalle casos de empresas que han utilizado la automatización para transformar radicalmente su modelo de negocio. Cada caso de estudio se presenta con el fin de ayudar a los lectores a reflexionar sobre las oportunidades, desafíos y resultados tangibles que la automatización puede ofrecer.

Caso de Estudio 1: Amazon y la Automatización en la Cadena de Suministro

Antecedentes

Amazon, el gigante del comercio electrónico, ha revolucionado la industria minorista a través de su enfoque en la eficiencia operativa y la innovación tecnológica. Uno de los pilares clave de su éxito ha sido la automatización masiva de sus procesos logísticos. Para gestionar el enorme volumen de pedidos que maneja a diario, la compañía ha invertido en la automatización de sus centros de distribución, donde utiliza robots avanzados y algoritmos de inteligencia artificial (IA) para optimizar la gestión de inventario y el proceso de envío.

Automatización Implementada

En 2012, Amazon adquirió Kiva Systems, una empresa especializada en robots de almacén, lo que marcó el inicio de su viaje hacia la automatización masiva en la gestión de la cadena de suministro. Los robots Kiva (ahora conocidos como Amazon Robotics) son capaces de moverse de manera autónoma dentro de los almacenes, transportando estanterías completas con productos a los trabajadores que los empaquetan para su envío. Esta automatización ha reducido drásticamente el tiempo necesario para procesar los pedidos, disminuyendo el margen de error y permitiendo a la empresa manejar un volumen mucho mayor de productos sin necesidad de incrementar significativamente su fuerza laboral.

Impacto en la Eficiencia Operativa

Antes de la implementación de estos robots, los empleados de Amazon pasaban una gran parte de su tiempo caminando por los almacenes para recolectar productos. La introducción de la automatización ha eliminado esta tarea ineficiente, permitiendo que los trabajadores se concentren en tareas más estratégicas y de mayor valor. El uso de robots ha permitido a Amazon reducir el tiempo de procesamiento de pedidos en aproximadamente un 20%, lo que se traduce en una entrega más rápida para los clientes y menores costos operativos. Además, la automatización ha permitido a la compañía escalar sus operaciones para cumplir con la creciente demanda del comercio electrónico, posicionándose como líder en la logística global.

Lecciones Clave

Amazon es un claro ejemplo de cómo la automatización puede transformar una empresa, no solo desde el punto de vista operativo, sino también estratégico. Al implementar tecnologías avanzadas, la compañía ha logrado ofrecer a sus clientes un servicio más rápido y eficiente, lo que se ha convertido en una ventaja competitiva crucial. Para las empresas que buscan mejorar su eficiencia operativa, Amazon demuestra que la automatización no solo se trata de reemplazar tareas manuales, sino de integrar soluciones tecnológicas que optimicen los procesos y permitan la escalabilidad del negocio.

Caso de Estudio 2: Tesla y la Automatización en la Manufactura de Vehículos

Antecedentes

Tesla, el fabricante de automóviles eléctricos, ha puesto la automatización en el centro de su modelo de negocio desde sus inicios. Con una misión declarada de acelerar la transición hacia la energía sostenible, Tesla ha utilizado la automatización para optimizar la producción de vehículos eléctricos, un proceso que ha sido tradicionalmente intensivo en mano de obra. A través de la automatización, la empresa ha podido no solo mejorar la eficiencia operativa en sus fábricas, sino también establecer nuevos estándares para la industria automotriz en términos de velocidad de producción y calidad de fabricación.

Automatización Implementada

Tesla ha implementado una combinación de robótica avanzada y algoritmos de inteligencia artificial para automatizar una gran parte de sus procesos de ensamblaje. En su famosa fábrica de Fremont, California, la compañía ha introducido robots que manejan tareas repetitivas como el montaje de chasis, soldadura de piezas y pintura. Además, Tesla utiliza software avanzado para monitorear en tiempo real la producción, lo que le permite identificar posibles fallos y realizar ajustes instantáneos sin la intervención humana.

Impacto en la Eficiencia Operativa

La automatización ha permitido a Tesla alcanzar niveles de eficiencia que antes eran impensables en la industria automotriz. Los robots son capaces de ensamblar vehículos con una precisión y velocidad mucho mayores que los humanos, lo que ha reducido los tiempos de producción y ha incrementado significativamente el volumen de fabricación. En un sector donde la competencia es feroz y los márgenes son estrechos, la capacidad de Tesla para automatizar gran parte de su producción ha sido clave para reducir costos y mejorar su rentabilidad.

Sin embargo, Tesla también ha enfrentado desafíos en su camino hacia la automatización total. En sus primeros intentos por automatizar completamente la producción del Modelo 3, la empresa descubrió que algunas tareas eran más adecuadas para trabajadores humanos, lo que resaltó la importancia de encontrar un equilibrio entre la automatización y la intervención humana. Esta lección ha permitido a Tesla ajustar sus estrategias, creando un entorno de fabricación híbrido donde robots y trabajadores colaboran para lograr la máxima eficiencia.

Lecciones Clave

El caso de Tesla destaca la importancia de la automatización en industrias donde la velocidad y precisión son críticas para el éxito. Al mismo tiempo, subraya que la automatización no es una solución universal y que algunas tareas aún requieren la intervención humana. Las empresas que deseen transformar su modelo de negocio mediante la automatización deben estar preparadas para ajustar su enfoque según las necesidades específicas de sus operaciones, encontrando un equilibrio adecuado entre tecnología y recursos humanos.

Caso de Estudio 3: Zara y la Automatización en el Sector de la Moda

Antecedentes

Zara, la famosa marca de moda rápida del Grupo Inditex, ha logrado una eficiencia operativa sobresaliente gracias a su enfoque en la automatización y la gestión ágil de la cadena de suministro. En un sector altamente competitivo, donde las tendencias cambian rápidamente, Zara ha utilizado la automatización para garantizar que pueda llevar nuevos productos al mercado en un tiempo récord. A diferencia de muchas marcas de moda que dependen de ciclos de producción largos, Zara ha sido capaz de reducir el tiempo desde el diseño hasta la entrega de un producto en tienda a tan solo unas pocas semanas.

Automatización Implementada

Zara ha implementado la automatización en varios aspectos clave de su modelo de negocio, desde la fabricación hasta la distribución. En sus fábricas, Zara utiliza robots para cortar y ensamblar telas, lo que les permite producir grandes volúmenes de ropa con rapidez y precisión. Además, la compañía ha automatizado gran parte de su sistema de distribución. En sus centros logísticos, robots avanzados manejan el almacenamiento y la clasificación de productos, optimizando el flujo de mercancías hacia las tiendas y reduciendo significativamente los tiempos de entrega.

Impacto en la Eficiencia Operativa y Estrategia Comercial

La automatización ha permitido a Zara operar con un modelo de negocio extremadamente ágil y eficiente. A diferencia de sus competidores que tardan meses en lanzar nuevas colecciones, Zara puede ajustar su oferta de productos semanalmente según las demandas del mercado. Esta rapidez no solo mejora la eficiencia operativa, sino que también fortalece la estrategia comercial de Zara al permitirle captar rápidamente las tendencias emergentes y satisfacer las expectativas de los clientes.

Además, la automatización ha reducido los costos operativos al optimizar los recursos en cada etapa de la cadena de suministro. Al poder gestionar grandes volúmenes de productos de manera eficiente y reducir el desperdicio, Zara ha mejorado su rentabilidad y ha consolidado su posición como líder en la industria de la moda rápida.

Lecciones Clave

El caso de Zara demuestra que la automatización no solo es útil para mejorar la eficiencia operativa, sino que también puede ser una herramienta poderosa para transformar la estrategia comercial. Al utilizar la tecnología para reducir los tiempos de entrega y adaptarse rápidamente a los cambios en la demanda del mercado, Zara ha logrado crear un modelo de negocio que no solo es eficiente, sino también altamente flexible. Las empresas en sectores dinámicos deben considerar cómo la automatización puede ayudarles a mejorar su agilidad y capacidad de respuesta a las tendencias del mercado.

Caso de Estudio 4: UiPath y la Automatización de Procesos Empresariales

Antecedentes

UiPath es una empresa de tecnología especializada en la automatización robótica de procesos (RPA, por sus siglas en inglés). Desde su fundación, la misión de UiPath ha sido ayudar a las organizaciones a automatizar tareas repetitivas y manuales mediante el uso de robots de software. La compañía ha experimentado un rápido crecimiento gracias a su enfoque en la automatización de procesos empresariales, que permite a las empresas mejorar la eficiencia, reducir costos y liberar a los empleados para que se centren en tareas más estratégicas.

Automatización Implementada

UiPath ofrece una plataforma de RPA que permite a las empresas automatizar una amplia gama de tareas, desde la entrada de datos hasta la gestión de facturas y el servicio al cliente. Los robots de software de UiPath pueden integrarse con los sistemas empresariales existentes, lo que facilita su implementación sin necesidad de realizar cambios costosos en la infraestructura tecnológica. Además, la plataforma de UiPath permite a los usuarios diseñar, implementar y monitorear flujos de trabajo automatizados de manera intuitiva, lo que democratiza el acceso a la automatización en las organizaciones.

Impacto en la Eficiencia Operativa

Una de las implementaciones más notables de la RPA de UiPath se dio en el sector bancario. Un banco internacional, enfrentando el desafío de manejar un alto volumen de transacciones y cumplir con regulaciones estrictas, decidió implementar la automatización de procesos utilizando la plataforma de UiPath. Antes de la automatización, el proceso de gestión de transacciones requería una considerable cantidad de tiempo y esfuerzo humano, con un equipo dedicado que revisaba y validaba transacciones manualmente.

Al implementar robots de software, el banco pudo automatizar la validación de transacciones, la entrada de datos y la generación de informes. Esto resultó en una reducción del 80% en el tiempo necesario para procesar transacciones y una disminución del 90% en errores humanos. Con la liberación de recursos humanos, el personal pudo centrarse en actividades que requerían juicio y toma de decisiones, como la atención al cliente y el análisis de riesgos, lo que mejoró la satisfacción del cliente y la calidad del servicio.

Lecciones Clave

El caso de UiPath subraya la relevancia de la automatización no solo en la eficiencia operativa, sino también en la mejora de la experiencia del cliente y la toma de decisiones estratégicas. Al liberar a los empleados de tareas repetitivas, las organizaciones pueden enfocar su talento humano en áreas que requieren creatividad e innovación. Para las empresas que buscan transformar su modelo de negocio, la implementación de RPA puede ser un paso crucial hacia la creación de un entorno de trabajo más ágil y productivo.

Caso de Estudio 5: Siemens y la Automatización Industrial

Antecedentes

Siemens, uno de los mayores conglomerados de ingeniería y tecnología del mundo, ha estado a la vanguardia de la automatización industrial durante más de un siglo. La empresa ha liderado la transformación digital en la manufactura, integrando tecnologías de automatización para mejorar la eficiencia y la flexibilidad en la producción. A través de su plataforma de automatización digital, Siemens ha permitido a las empresas optimizar sus operaciones y adaptarse a la Industria 4.0.

Automatización Implementada

Uno de los ejemplos más destacados de la automatización de Siemens es su uso de la "factura digital" en sus plantas de producción. Siemens ha implementado soluciones de automatización que permiten una producción en tiempo real y el monitoreo de procesos mediante el uso de sensores y datos analíticos. Estos sistemas no solo recogen datos de producción, sino que también los analizan para optimizar el rendimiento de las máquinas y prever problemas antes de que ocurran.

En la planta de producción de Siemens en Amberg, Alemania, la compañía ha implementado una línea de producción completamente automatizada para sus productos de automatización industrial. La planta opera con una tasa de personalización masiva, donde se producen cientos de miles de productos al año, todos configurados de acuerdo con los requisitos específicos de los clientes. Gracias a la automatización, Siemens ha conseguido que la planta opere con un nivel de eficiencia superior al 99%, y el tiempo de inactividad ha disminuido drásticamente.

Impacto en la Eficiencia Operativa y Estrategia Empresarial

La automatización en Siemens no solo ha mejorado la eficiencia operativa, sino que también ha permitido a la empresa innovar en su oferta de productos y servicios. La capacidad de recopilar y analizar datos en tiempo real permite a Siemens mejorar continuamente sus procesos y adaptarse rápidamente a las demandas del mercado. Esta flexibilidad es esencial en la actualidad, donde las empresas deben responder rápidamente a los cambios en la demanda y a la competencia.

La automatización también ha permitido a Siemens reducir significativamente sus costos operativos y mejorar su rentabilidad. La empresa ha podido producir más con menos, lo que se traduce en márgenes más altos y una posición competitiva más fuerte en el mercado global. La combinación de eficiencia operativa y capacidad de innovación ha posicionado a Siemens como un líder en la transformación digital de la manufactura.

Lecciones Clave

El caso de Siemens ilustra cómo la automatización puede ser un impulsor clave de la innovación y la competitividad en la industria. Al integrar tecnologías avanzadas en sus procesos, Siemens no solo ha mejorado su eficiencia operativa, sino que también ha fortalecido su capacidad para adaptarse a un entorno empresarial en constante cambio. Para las empresas que buscan liderar en sus respectivos sectores, la automatización debe ser vista como un habilitador crítico para la innovación y la mejora continua.

Reflexiones Finales sobre la Automatización

Los casos de estudio presentados muestran que la automatización no es simplemente una tendencia pasajera; es un cambio fundamental en la forma en que las empresas operan y se adaptan a los desafíos del mercado actual. Desde gigantes del comercio electrónico como Amazon hasta innovadores en la manufactura como Siemens, las empresas que han adoptado la automatización han logrado mejoras significativas en su eficiencia operativa y han transformado sus modelos de negocio.

Sin embargo, la implementación de la automatización no está exenta de desafíos. Las organizaciones deben evaluar cuidadosamente cómo integrar estas tecnologías en sus operaciones y equilibrar la automatización con la intervención humana. También es fundamental considerar la capacitación y el desarrollo de habilidades para preparar a la fuerza laboral para un entorno de trabajo automatizado.

Al final, la automatización ofrece a las empresas la oportunidad de no solo sobrevivir en un entorno competitivo, sino también de prosperar. Aquellas que aprovechen la tecnología para mejorar la eficiencia, adaptarse a las demandas del mercado y fomentar la innovación estarán mejor posicionadas para liderar en sus respectivos sectores en el futuro. La automatización es, sin duda, el nuevo motor del crecimiento empresarial y una herramienta poderosa para la transformación estratégica.

CAPÍTULO 4: LIDERAZGO ÁGIL EN LA ERA DE LA DISRUPCIÓN

En el mundo empresarial actual, la única constante es el cambio. Nos encontramos inmersos en una era de disrupción digital, donde la tecnología avanza a una velocidad sin precedentes y las antiguas estructuras de negocio se ven desafiadas a diario. Para sobrevivir y prosperar en este entorno, los líderes deben adoptar una mentalidad ágil y una disposición constante al aprendizaje y la adaptación. El liderazgo tradicional, basado en jerarquías rígidas y una planificación a largo plazo inmutable, ya no es suficiente. Hoy en día, los líderes necesitan ser visionarios, flexibles y estratégicos, capaces de navegar a través de la incertidumbre con confianza y determinación.

Este capítulo explora cómo los líderes pueden no solo adaptarse, sino prosperar en un entorno de disrupción. Te proporcionaremos soluciones aplicables y herramientas concretas que puedes implementar de inmediato para convertirte en un líder ágil, capaz de guiar a tu organización hacia el éxito en esta nueva realidad.

La Era de la Disrupción: Un Cambio de Paradigma

La disrupción tecnológica está transformando todos los sectores. Desde la inteligencia artificial hasta el internet de las cosas, pasando por la automatización y la digitalización masiva, las reglas del juego han cambiado. Empresas que solían ser gigantes imbatibles están desapareciendo, mientras que startups ágiles están redefiniendo industrias enteras.

El caso de Blockbuster es un ejemplo icónico. Mientras que esta compañía no supo adaptarse a los cambios en los hábitos de consumo y la digitalización, Netflix aprovechó la tecnología emergente para transformar la forma en que consumimos contenido. Este es solo un ejemplo de muchos: Kodak, Nokia, y otras grandes marcas sufrieron un destino similar al no anticipar los cambios disruptivos a tiempo.

Pero, ¿qué pueden hacer los líderes para no solo sobrevivir, sino también aprovechar las oportunidades que la disrupción presenta? La respuesta está en el liderazgo ágil.

¿Qué es el Liderazgo Ágil?

El liderazgo ágil es la capacidad de responder rápidamente a los cambios del entorno y adaptar las estrategias en tiempo real. A diferencia del liderazgo tradicional, que se basa en estructuras estáticas y procesos fijos, el liderazgo ágil fomenta la flexibilidad, la experimentación y el aprendizaje continuo. Los líderes ágiles no temen el fracaso; lo ven como una oportunidad para mejorar y evolucionar.

Este tipo de liderazgo implica estar preparado para tomar decisiones rápidas en medio de la incertidumbre, fomentar la innovación dentro de los equipos, y mantener una visión a largo plazo mientras se navega por las realidades cambiantes del día a día.

Herramientas para un Liderazgo Ágil

1. Iteración Rápida y Experimentación

Un líder ágil no se aferra a un solo plan. En lugar de esperar a que todo esté perfecto, lanza rápidamente versiones de prueba, evalúa los resultados y ajusta. Esto se conoce como "iteración rápida", un principio que ha sido fundamental en el éxito de empresas como Google y Amazon.

Por ejemplo, Amazon ha implementado una cultura de "fail fast, fail often" (falla rápido, falla a menudo), donde se permite experimentar, y si algo no funciona, se aprende rápidamente de la experiencia para ajustar el rumbo. Esto les permite estar en la vanguardia de la innovación, probando constantemente nuevas ideas y tecnologías sin miedo al fracaso.

Como líder, adopta una mentalidad de experimentación constante. Fomenta en tus equipos la idea de probar, evaluar y ajustar. Las grandes innovaciones no nacen de la perfección inicial, sino de un proceso continuo de prueba y error.

2. Fomentar una Cultura de Colaboración y Retroalimentación Abierta

El liderazgo ágil no puede existir en una organización con estructuras jerárquicas rígidas. Para ser ágil, es necesario crear una cultura que fomente la colaboración y la retroalimentación abierta. Los líderes deben ser accesibles, abiertos a recibir ideas de todos los niveles de la organización y dispuestos a implementar cambios rápidamente.

Un gran ejemplo de esto es la cultura de trabajo de Spotify. La empresa fomenta una cultura de "squads" o equipos pequeños que trabajan de manera autónoma, compartiendo información constantemente y colaborando con otras áreas de la empresa. Esto les permite ser increíblemente ágiles, innovar rápidamente y adaptarse a las necesidades del mercado sin ser retenidos por estructuras jerárquicas rígidas.

Como líder, construye una cultura en la que las personas se sientan seguras compartiendo ideas y cuestionando el status quo. Cuantas más perspectivas diversas tengas, más innovadora y ágil será tu organización.

3. Tomar Decisiones Basadas en Datos en Tiempo Real

En un entorno disruptivo, no puedes esperar semanas o meses para recibir informes detallados antes de tomar decisiones. Los líderes ágiles dependen de los datos en tiempo real para ajustar sus estrategias rápidamente. Hoy en día, existen herramientas tecnológicas avanzadas que permiten obtener datos actualizados de las operaciones empresariales, clientes y el mercado, lo que facilita tomar decisiones bien informadas en el momento oportuno.

Un ejemplo claro de esto es Tesla. La empresa liderada por Elon Musk ha creado un sistema de producción en el que los datos en tiempo real juegan un papel crucial en la optimización de sus procesos. Gracias a su capacidad para monitorizar y ajustar cada parte de la cadena de producción en tiempo real, Tesla puede adaptarse rápidamente a cualquier imprevisto y optimizar constantemente su rendimiento.

Incorpora herramientas de análisis de datos en tiempo real en tu organización para asegurarte de que las decisiones se basen en información actualizada y precisa. Esto no solo aumentará tu capacidad de respuesta, sino que también te permitirá prever problemas antes de que se conviertan en crisis.

Habilidades Clave de un Líder Ágil

Además de implementar herramientas y estrategias, los líderes ágiles necesitan desarrollar un conjunto particular de habilidades. Estas habilidades no solo les permiten navegar la disrupción de manera efectiva, sino también inspirar y guiar a sus equipos hacia un futuro exitoso.

1. Mentalidad de Crecimiento

Un líder ágil no se detiene en el éxito o el fracaso de una estrategia. En lugar de ello, busca constantemente oportunidades para aprender y mejorar. La mentalidad de crecimiento es clave en un entorno disruptivo, ya que permite ver cada desafío como una oportunidad de aprendizaje y desarrollo.

Satya Nadella, CEO de Microsoft, es un ejemplo brillante de cómo una mentalidad de crecimiento puede transformar una organización. Bajo su liderazgo, Microsoft ha adoptado una cultura de aprendizaje continuo, abrazando la innovación tecnológica y cambiando el enfoque de la empresa hacia el cloud computing y la inteligencia artificial, lo que les ha permitido mantenerse relevantes en un entorno altamente competitivo.

Como líder, cultiva una mentalidad de crecimiento en ti mismo y en tu equipo. Fomenta la curiosidad y el aprendizaje continuo, y nunca te conformes con el status quo.

2. Resiliencia y Adaptabilidad

En un mundo en constante cambio, los líderes ágiles deben ser resilientes y adaptables. La capacidad de recuperarse rápidamente de contratiempos y ajustar las estrategias cuando sea necesario es esencial para prosperar en un entorno disruptivo.

Un ejemplo relevante es la capacidad de adaptación de IBM. Esta compañía, fundada en 1911, ha pasado por numerosas transformaciones a lo largo de su historia. Desde su origen en la fabricación de hardware hasta su enfoque actual en servicios y consultoría tecnológica, IBM ha demostrado una y otra vez que la resiliencia y la adaptabilidad son claves para la supervivencia a largo plazo.

Como líder, desarrolla tu capacidad de adaptarte a los cambios rápidamente. Acepta que los errores y las fallas son parte del proceso, y que lo importante es cómo te recuperas y aprendes de ellos.

3. Visión Estratégica

Finalmente, un líder ágil necesita tener una visión clara del futuro, pero también debe ser flexible en la manera de alcanzarlo. Esta visión debe ser inspiradora y motivadora, pero también realista y adaptable a los cambios del entorno.

Jack Ma, el fundador de Alibaba, es conocido por su visión a largo plazo. Desde el inicio, Jack Ma tuvo una visión clara de cómo el e-commerce cambiaría el mundo, y ha guiado a Alibaba hacia convertirse en una de las empresas más grandes del planeta. Sin embargo, su éxito no solo se debe a su visión, sino a su capacidad para ajustar la estrategia de Alibaba a medida que las condiciones del mercado y la tecnología cambiaban.

Como líder, desarrolla una visión estratégica a largo plazo que inspire a tu equipo, pero mantén la flexibilidad para ajustar esa visión a medida que evolucionan las circunstancias.

Liderazgo Ágil para un Futuro Dinámico

La disrupción no es una amenaza, sino una oportunidad. Los líderes ágiles son aquellos que ven más allá de los desafíos inmediatos y reconocen las posibilidades ilimitadas que ofrece el cambio. Al adoptar una mentalidad de crecimiento, implementar iteración rápida, fomentar la colaboración y tomar decisiones basadas en datos, estarás preparado para liderar tu organización hacia el éxito en esta era de disrupción.

El mundo empresarial no espera. Para prosperar, los líderes del mañana deben actuar hoy. No te limites a reaccionar a los cambios; sé el agente de cambio que transforma tu industria y tu negocio. El futuro pertenece a aquellos que se atreven a adaptarse, innovar y liderar con agilidad. ¡El momento de actuar es ahora!

Mentalidad y Habilidades Necesarias para Liderar la Empresa del Futuro

En un mundo donde la tecnología avanza a pasos agigantados y los mercados cambian de manera impredecible, el liderazgo empresarial enfrenta desafíos sin precedentes. La empresa del futuro, más que nunca, requerirá líderes que no solo se adapten al cambio, sino que lo anticipen y lo guíen. Pero, ¿qué significa realmente liderar una empresa en esta nueva era? ¿Cómo podemos prepararnos para un futuro que aún no comprendemos del todo? Para navegar este camino, los líderes deben desarrollar una mentalidad de crecimiento y adquirir habilidades que les permitan manejar la incertidumbre, fomentar la innovación y construir una cultura empresarial que sea resiliente y flexible ante cualquier cambio.

La Mentalidad de Crecimiento: Un Fundamento Inquebrantable

Uno de los aspectos más cruciales para liderar en el futuro es la adopción de una mentalidad de crecimiento. Este concepto, popularizado por Carol Dweck, se refiere a la creencia de que nuestras habilidades y capacidades no son estáticas, sino que pueden desarrollarse con el tiempo a través del esfuerzo, la perseverancia y el aprendizaje constante. Para los líderes del mañana, esta mentalidad es esencial, ya que las empresas del futuro estarán continuamente expuestas a nuevas tecnologías, métodos de trabajo y demandas de los consumidores. Los líderes que se aferren a las viejas maneras de hacer las cosas, convencidos de que ya tienen todas las respuestas, quedarán rezagados.

En este sentido, adoptar una mentalidad de crecimiento significa estar siempre dispuesto a aprender, a reevaluar nuestras creencias y a aceptar que el fracaso es una parte natural del proceso de innovación. En lugar de ver los errores como un obstáculo, los líderes del futuro deben verlos como oportunidades para mejorar. Pensemos en empresas como Tesla o SpaceX, lideradas por Elon Musk, que han experimentado fracasos notables en su camino hacia el éxito. Musk ha sido un defensor del aprendizaje a través del error, afirmando que los fracasos son inevitables cuando se está en la frontera de la innovación. Este tipo de mentalidad no solo permite a las empresas mantenerse a la vanguardia de la tecnología, sino que también fomenta un entorno en el que la experimentación y la creatividad florecen.

Adaptabilidad: El Arte de Navegar en la Incertidumbre

El entorno empresarial en el que operamos hoy es volátil, incierto, complejo y ambiguo. Este fenómeno, conocido como "VUCA" (volatility, uncertainty, complexity, ambiguity), es una realidad para todas las industrias, desde la tecnología hasta el comercio minorista. Para liderar con éxito en este entorno, los líderes deben ser increíblemente adaptables. La capacidad de cambiar rápidamente de rumbo cuando las circunstancias lo exigen es una habilidad fundamental para el liderazgo del futuro.

Ser adaptable no significa simplemente reaccionar ante los cambios de manera pasiva. Un líder verdaderamente adaptable anticipa los cambios antes de que ocurran y ajusta su estrategia en consecuencia. Pensemos en la pandemia de COVID-19, que trajo consigo un cambio masivo en la forma en que operaban las empresas. Aquellos líderes que fueron capaces de pivotar rápidamente, adoptando nuevas tecnologías como el teletrabajo o ajustando sus modelos de negocio, no solo sobrevivieron, sino que prosperaron. Empresas como Zoom, que vieron una oportunidad en medio de la crisis, crecieron exponencialmente. Pero este tipo de adaptabilidad requiere una mentalidad que abrace la incertidumbre, que vea el cambio no como una amenaza, sino como una oportunidad para la innovación.

Para desarrollar esta capacidad de adaptación, los líderes del futuro deben estar dispuestos a tomar decisiones rápidas, incluso cuando no tienen toda la información. No se trata de ser imprudente, sino de estar cómodo tomando decisiones con información imperfecta. Esto es algo que, a menudo, resulta incómodo para muchos líderes que están acostumbrados a un entorno más estable y predecible. Sin embargo, cuanto más rápido nos adaptemos a esta nueva realidad, más preparados estaremos para liderar en el futuro.

Habilidades Interpersonales y la Inteligencia Emocional: La Nueva Moneda del Liderazgo

Si bien las habilidades técnicas son importantes, el liderazgo del futuro requerirá una nueva clase de habilidades interpersonales. La inteligencia emocional, en particular, se está convirtiendo en una habilidad esencial para los líderes que buscan gestionar equipos diversos, distribuidos globalmente y cada vez más virtuales. La capacidad de empatizar con los empleados, de entender sus necesidades y preocupaciones, y de comunicarse de manera efectiva, será fundamental en la construcción de una cultura empresarial sólida.

Los líderes con alta inteligencia emocional son capaces de construir relaciones fuertes, generar confianza y crear un entorno en el que los empleados se sientan valorados y motivados. Esto es especialmente importante en un mundo donde los empleados tienen cada vez más opciones en cuanto a dónde y cómo trabajar. El liderazgo autoritario y jerárquico del pasado ya no tiene cabida en las empresas del futuro. En cambio, los líderes deben ser accesibles, colaborativos y, sobre todo, humanos.

Empresas como Google han demostrado cómo una cultura empresarial centrada en el bienestar y el desarrollo de los empleados puede generar resultados extraordinarios. Los líderes que se preocupan genuinamente por el crecimiento personal y profesional de sus empleados son aquellos que inspirarán lealtad y compromiso en un mundo laboral cada vez más competitivo.

Estrategias para una Cultura Empresarial Ágil y Flexible

Una de las mayores responsabilidades de los líderes del futuro será la creación de una cultura empresarial que sea ágil y flexible. ¿Qué significa esto? Básicamente, se refiere a la capacidad de una organización para adaptarse rápidamente a los cambios en el entorno, ya sea a nivel interno o externo. La agilidad empresarial es crucial para mantenerse competitivo en un mundo donde las reglas del juego cambian constantemente.

1. Fomentar una Cultura de Innovación y Experimentación

Uno de los primeros pasos para crear una cultura empresarial ágil es fomentar una mentalidad de innovación y experimentación. Esto significa dar a los empleados la libertad de probar nuevas ideas, incluso si no están completamente seguras de que funcionarán. Un entorno donde el fracaso es castigado no puede ser ágil, porque la innovación siempre implica riesgo.

Pensemos en la famosa estrategia de "fail fast" de Silicon Valley, donde se alienta a los empleados a experimentar, fallar rápidamente y aprender de sus errores. Este enfoque ha permitido a empresas como Facebook y Google mantenerse en la vanguardia de la innovación tecnológica durante años. Al fomentar una cultura de experimentación, los líderes pueden crear un entorno en el que las nuevas ideas se desarrollen rápidamente y las innovaciones disruptivas surjan de manera natural.

Para implementar esta estrategia en tu empresa, debes asegurarte de que los empleados se sientan seguros al proponer nuevas ideas, incluso si esas ideas no son siempre exitosas. La creación de un entorno de apoyo, donde el fracaso se vea como una oportunidad para el aprendizaje, es crucial para construir una cultura ágil y flexible.

2. Equipos Multidisciplinarios y Autogestionados

La rigidez organizacional es uno de los mayores obstáculos para la agilidad empresarial. Para contrarrestar esto, muchas empresas están adoptando estructuras organizativas más fluidas, en las que los equipos son multidisciplinarios y autogestionados. En lugar de depender de una jerarquía rígida, los equipos autónomos pueden tomar decisiones rápidamente, lo que les permite adaptarse a los cambios con mayor facilidad.

Spotify es un excelente ejemplo de una empresa que ha implementado con éxito equipos multidisciplinarios y autogestionados. En lugar de depender de una estructura jerárquica tradicional, Spotify ha creado equipos pequeños y ágiles que tienen la autonomía para tomar decisiones y llevar a cabo proyectos sin la intervención constante de la alta dirección. Este enfoque ha permitido a Spotify innovar rápidamente y adaptarse a las demandas del mercado en tiempo real.

Para los líderes que buscan implementar esta estrategia, es esencial confiar en los empleados y proporcionarles las herramientas y el apoyo que necesitan para tomar decisiones de manera independiente. Al hacerlo, los líderes no solo fomentan la agilidad, sino que también empoderan a sus equipos, lo que aumenta la motivación y el compromiso de los empleados.

3. Adoptar la Tecnología como Aliado de la Flexibilidad

La tecnología es un facilitador clave para la agilidad empresarial. Sin las herramientas adecuadas, es casi imposible que una empresa responda rápidamente a los cambios del mercado o adapte sus procesos de manera eficiente. Hoy en día, tecnologías como la inteligencia artificial, el análisis de datos en tiempo real y las plataformas de colaboración digital están transformando la forma en que las empresas operan y se adaptan.

Por ejemplo, empresas como Amazon han hecho un uso extensivo de la automatización y el análisis de datos para optimizar sus operaciones y mejorar la experiencia del cliente. Al utilizar tecnología avanzada, Amazon ha sido capaz de mantener una cadena de suministro ágil y flexible, capaz de responder rápidamente a los cambios en la demanda del consumidor. Además, su uso de la inteligencia artificial ha permitido a la empresa predecir las necesidades de los clientes con mayor precisión, lo que le da una ventaja competitiva en un mercado altamente dinámico.

Como líder, es esencial estar al tanto de las últimas tendencias tecnológicas y considerar cómo estas herramientas pueden ayudar a tu organización a volverse más ágil y flexible. La tecnología no es solo una herramienta; es un motor de cambio que puede transformar la forma en que tu empresa opera y se adapta a un entorno en constante evolución.

4. Desarrollar una Cultura de Colaboración

Una cultura empresarial ágil y flexible también debe estar profundamente arraigada en la colaboración. Los equipos que colaboran de manera efectiva son más capaces de adaptarse a los cambios y enfrentar desafíos de manera conjunta. En este sentido, los líderes deben esforzarse por eliminar las barreras que impiden la colaboración y crear un entorno en el que la comunicación abierta y el trabajo en equipo sean la norma.

La colaboración no debe limitarse a los equipos internos; también puede extenderse a asociaciones con otras empresas, startups o incluso competidores.

Aspecto Clave	Descripción	Estrategias Aplicables	Desafíos Futuros
Mentalidad de Crecimiento	Creencia en que las habilidades y capacidades pueden desarrollarse mediante esfuerzo y aprendizaje constante.	- Fomentar una cultura de aprendizaje continuo. - Ver el fracaso como una oportunidad de mejora.	- Resistencias a abandonar viejos paradigmas. - Gestionar la frustración ante fallos iniciales. - Equilibrio entre riesgo e innovación.
Adaptabilidad	Capacidad de cambiar rápidamente de rumbo y tomar decisiones ágiles en un entorno volátil y complejo.	- Anticipar cambios del mercado. - Tomar decisiones con información incompleta.	- Incertidumbre constante en los mercados. - Riesgo de sobrecarga de decisiones rápidas. - Equilibrar agilidad y estabilidad.
Inteligencia Emocional	Habilidad para gestionar relaciones, entender las emociones y fomentar un ambiente de confianza y motivación en el equipo.	- Promover la empatía y la comunicación abierta. - Crear un entorno en el que los empleados se sientan valorados.	- Aumento de equipos distribuidos globalmente. - Retos en la gestión de equipos virtuales. - Mantener la cohesión y la cultura a distancia.

Cultura de Innovación y Experimentación	Libertad para probar nuevas ideas sin temor al fracaso, fomentando la creatividad y la evolución constante.	- Adoptar la filosofía de "fail fast". - Proporcionar a los empleados un entorno seguro para experimentar.	- Superar el miedo al fracaso. - Facilitar recursos suficientes para la experimentación. - Gestionar los riesgos asociados con la innovación.
Equipos Multidisciplinarios y Autónomos	Estructuras de equipos que operan de manera independiente, toman decisiones rápidas y combinan habilidades diversas.	- Crear equipos pequeños, ágiles y multidisciplinarios. - Empoderar a los empleados para la autogestión.	- Evitar la desconexión entre equipos y la visión global de la empresa. - Mantener una dirección clara mientras se otorga autonomía.
Adopción de Tecnología	Uso de herramientas tecnológicas avanzadas para optimizar operaciones, mejorar la toma de decisiones y aumentar la flexibilidad organizacional.	- Integrar IA, automatización y análisis de datos. - Utilizar plataformas de colaboración digital.	- Mantenerse actualizado con las innovaciones tecnológicas. - Gestionar la resistencia al cambio tecnológico. - Protección de datos.
Colaboración	Promoción de una cultura de trabajo en equipo tanto a	- Fomentar la comunicación abierta entre departamentos.	- Integración eficiente entre equipos internos y externos.

	nivel interno como externo, con alianzas estratégicas y asociaciones con otras empresas.	- Establecer alianzas estratégicas externas.	- Equilibrar la competencia con la colaboración estratégica.

CAPÍTULO 5: INNOVACIÓN ESTRATÉGICA: PREPARANDO A TU EMPRESA PARA LO INESPERADO

En el mundo empresarial actual, donde la tecnología avanza a una velocidad vertiginosa y los mercados son cada vez más impredecibles, la innovación estratégica se convierte en la clave para sobrevivir, adaptarse y prosperar. Las empresas que no se preparan para lo inesperado quedan rezagadas, mientras que las que abrazan la innovación no solo sobreviven, sino que transforman sus industrias y generan un impacto global.

Innovación como clave para la resiliencia y el crecimiento

La capacidad de innovar no solo se trata de crear productos o servicios novedosos. En realidad, va más allá: implica ser capaz de adaptar y mejorar continuamente cada aspecto del negocio, desde las operaciones internas hasta la manera en que interactuamos con los clientes. La resiliencia empresarial se fundamenta en la habilidad de pivotar y de gestionar de forma efectiva tanto las oportunidades como los desafíos.

En la empresa del futuro, la innovación será el motor para superar las crisis, mantenerse competitivo y, más importante aún, para crecer. Las empresas que integren la innovación como parte central de su estrategia estarán mejor equipadas para enfrentar lo inesperado y adaptarse rápidamente a los cambios del entorno.

Ejemplos del mundo real: Cómo las empresas innovan para sobrevivir

Al observar cómo las empresas de mayor éxito enfrentan la incertidumbre, podemos identificar patrones de innovación estratégica que son replicables. Por ejemplo, durante la pandemia de COVID-19, muchas empresas tradicionales enfrentaron desafíos sin precedentes, pero algunas lograron transformarse y prosperar en medio del caos.

Caso 1: Zoom Video Communications

Antes de 2020, Zoom era solo una de las muchas herramientas de videoconferencia disponibles en el mercado. Sin embargo, cuando el mundo entero se vio obligado a trabajar y estudiar desde casa, Zoom se convirtió en una herramienta esencial. La clave de su éxito no fue solo su capacidad para proporcionar un producto funcional, sino su habilidad para innovar rápidamente en respuesta a las necesidades de los usuarios. La empresa implementó mejoras de seguridad, nuevas funcionalidades como los "breakout rooms" para educación y reuniones, y adaptaciones para soportar la demanda masiva, convirtiéndose en un referente global.

Lección clave: La innovación debe ser rápida y receptiva a las necesidades del cliente. Las empresas que son ágiles en sus estrategias pueden no solo sobrevivir a una crisis, sino salir fortalecidas de ella.

Caso 2: Tesla y la reinvención de la industria automotriz

Tesla es otro ejemplo icónico de cómo la innovación puede transformar por completo una industria. A través de la combinación de tecnología eléctrica, sistemas de conducción autónoma y actualizaciones de software inalámbricas, Tesla no solo cambió la percepción de los autos eléctricos, sino que redefinió lo que significa ser una empresa automotriz. Innovar no era una opción, era la base de su estrategia para liderar el mercado global.

Lección clave: La innovación estratégica requiere ir más allá de lo que es estándar en la industria y buscar oportunidades para reinventar por completo la forma en que operan los negocios.

Herramientas y estrategias aplicables para fomentar la innovación en tu empresa

Es fácil hablar de innovación, pero ¿cómo puedes implementarla en tu empresa de manera tangible? Aquí tienes algunas herramientas y estrategias prácticas que puedes comenzar a utilizar de inmediato:

1. Cultura de innovación continua

   El primer paso para preparar a tu empresa para lo inesperado es crear una cultura de innovación. Esto significa que todos en la organización, desde la alta dirección hasta los empleados de primera línea, deben estar alineados en la búsqueda de nuevas ideas y soluciones. Fomenta la experimentación y celebra los fracasos productivos; estas son las semillas de la verdadera innovación.

   Acción: Implementa talleres periódicos de creatividad y pensamiento disruptivo en tu equipo. Utiliza técnicas como el brainstorming y la metodología "design thinking" para generar soluciones innovadoras.

2. Tecnología y automatización

   La tecnología es el gran habilitador de la innovación. La inteligencia artificial (IA), la automatización de procesos y el análisis predictivo permiten a las empresas optimizar sus operaciones, predecir problemas antes de que ocurran y responder de manera eficiente a los cambios del mercado.

Acción: Invierte en herramientas tecnológicas como sistemas de inteligencia artificial que te permitan predecir tendencias, automatizar procesos clave y mejorar la experiencia del cliente. Por ejemplo, sistemas de CRM con inteligencia artificial pueden ayudar a personalizar las interacciones con los clientes, optimizando las ventas y mejorando la satisfacción.

3. Innovación abierta y colaboración externa

No toda la innovación tiene que venir de dentro de tu empresa. Muchas organizaciones han encontrado éxito mediante la adopción de modelos de "innovación abierta", en los que colaboran con startups, universidades y otros actores externos para desarrollar nuevas soluciones.

Acción: Busca alianzas estratégicas con empresas emergentes y centros de investigación para impulsar la innovación en áreas clave de tu negocio. Considera abrir un programa de aceleración de startups o un laboratorio de innovación.

4. Iteración y mejora continua

La innovación no tiene que ser un salto gigante. Muchas veces, las mejoras incrementales, implementadas de forma continua, pueden generar resultados sorprendentes a largo plazo. Al adoptar un enfoque de mejora continua, te aseguras de que tu empresa siempre esté evolucionando.

Acción: Implementa ciclos de retroalimentación regulares, en los que evalúes las iniciativas y procesos actuales para identificar oportunidades de mejora. Herramientas como los tableros Kanban y la metodología Lean pueden ser de gran ayuda en este proceso.

El futuro es de los audaces: Tomando decisiones estratégicas hoy

En un entorno digital en constante cambio, las decisiones estratégicas no pueden esperar. Las empresas que triunfan son aquellas que no temen experimentar, que se atreven a innovar y que son capaces de pivotar rápidamente cuando el entorno lo requiere. La clave del éxito futuro es actuar con confianza, aprovechando las herramientas y las tendencias actuales para anticipar lo inesperado.

Las decisiones estratégicas que tomes hoy para fomentar la innovación en tu empresa determinarán si estarás preparado para aprovechar las oportunidades del mañana. Aquellos que ven la incertidumbre como una oportunidad, en lugar de una amenaza, son los que moldearán el futuro.

Innovación como motor del éxito

La innovación estratégica es más que una moda o una palabra de moda en el mundo empresarial. Es una mentalidad, una forma de operar que permite a las empresas no solo adaptarse a lo inesperado, sino prosperar en tiempos de incertidumbre. Si tomas medidas proactivas hoy, tu empresa estará mejor equipada para enfrentar lo que venga, fortalecida para crecer y lista para liderar.

El futuro pertenece a aquellos que se preparan para lo impredecible. Innovar no es una opción, es una necesidad para la supervivencia y el éxito en un entorno empresarial en constante cambio. ¡El momento para actuar es ahora!

Cómo desarrollar una cultura empresarial abierta al cambio

En el mundo empresarial actual, una cultura abierta al cambio es más que una ventaja competitiva; es un imperativo para sobrevivir y prosperar. La tecnología, las dinámicas de los mercados y las expectativas de los consumidores cambian rápidamente, por lo que las organizaciones deben evolucionar para mantenerse relevantes. No se trata solo de reaccionar a los cambios, sino de liderarlos con agilidad, visión y propósito.

El cambio como oportunidad, no como amenaza

El cambio ha sido históricamente visto con sospecha o incluso temor. Las empresas con estructuras rígidas, enfoques tradicionales y culturas arraigadas pueden sentirse amenazadas ante la idea de la transformación. Sin embargo, las organizaciones más exitosas en la era digital son aquellas que ven el cambio como una oportunidad para innovar, crear valor y destacarse.

Tomemos el ejemplo de Netflix, que comenzó como una empresa de alquiler de DVDs. Cuando la tecnología digital irrumpió en el mercado, Netflix no solo abrazó el cambio, sino que lo lideró, transformándose en un gigante del streaming y luego, en un creador de contenido propio. Si se hubieran aferrado a su modelo de negocio original, probablemente habrían quedado obsoletos. Este caso subraya una lección vital: una cultura abierta al cambio debe estar alineada con la voluntad de replantear el modelo de negocio en el momento adecuado.

Claves para desarrollar una cultura empresarial adaptable

1. Liderazgo visionario y flexible

El liderazgo tiene un papel crucial en la creación de una cultura que abrace el cambio. Los líderes deben ser visionarios, capaces de anticipar las tendencias del mercado y tener la flexibilidad para cambiar de rumbo cuando sea necesario. Un líder que fomenta el pensamiento crítico, la experimentación y la colaboración permite que la organización se adapte rápidamente.

Un estudio de McKinsey muestra que las empresas con líderes que adoptan el cambio tienen un 30% más de probabilidades de tener éxito en sus iniciativas de transformación digital. Esto resalta que, en lugar de ver el cambio como un riesgo, los líderes deben ser quienes inspiren confianza en su equipo para abrazar lo nuevo con entusiasmo.

2. Crear una cultura de aprendizaje continuo

Para que una organización esté verdaderamente abierta al cambio, cada empleado debe estar dispuesto a aprender y desaprender. En el entorno digital, las habilidades pueden quedar obsoletas rápidamente, por lo que es esencial fomentar una mentalidad de "aprendizaje permanente". Empresas como Google y Amazon ofrecen plataformas internas de formación continua que permiten a sus empleados estar al día con las nuevas tecnologías, métodos y competencias.

Las organizaciones que cultivan una cultura de aprendizaje están en mejor posición para identificar oportunidades emergentes. Por ejemplo, cuando se produjo la irrupción de la inteligencia artificial (IA), Microsoft formó rápidamente a sus empleados en habilidades relacionadas, permitiéndoles no solo adaptarse, sino también liderar el desarrollo de nuevas aplicaciones basadas en IA.

3. Fomentar la experimentación y el pensamiento ágil

Una cultura empresarial abierta al cambio debe permitir la experimentación. Las metodologías ágiles, ampliamente utilizadas en el desarrollo de software, han demostrado ser útiles en otros sectores, ya que permiten a las empresas ser más flexibles y rápidas en la implementación de soluciones.

Por ejemplo, Spotify utiliza un enfoque ágil no solo en su desarrollo de producto, sino en toda su estructura organizativa. Esto les permite hacer pruebas rápidas, recopilar datos y ajustarse según sea necesario. El resultado: son capaces de lanzar nuevas funciones y adaptarse a los deseos de los usuarios mucho más rápido que sus competidores. La clave aquí es la voluntad de fracasar rápido y aprender, lo que facilita la adopción del cambio.

4. Incentivar la diversidad de pensamiento

La diversidad de pensamiento es fundamental para una cultura empresarial dinámica y abierta al cambio. Los equipos con diferentes perspectivas son más creativos y tienen una mejor capacidad para resolver problemas complejos. Empresas como Procter & Gamble promueven la diversidad en todos los niveles organizativos, lo que les ha permitido mantenerse como líderes en un sector tan competitivo como el de bienes de consumo.

La diversidad en la toma de decisiones también permite identificar oportunidades emergentes en mercados globales. Un equipo que represente diferentes puntos de vista puede anticipar mejor las necesidades de una base de clientes cada vez más diversa, facilitando la identificación de nichos y la adaptación a nuevas demandas del mercado.

Herramientas para identificar y aprovechar oportunidades emergentes

El mundo digital ofrece una infinidad de oportunidades para las empresas que están dispuestas a explorar nuevos horizontes. Desde la automatización y la inteligencia artificial hasta el análisis de datos y la tecnología blockchain, los líderes empresariales deben ser capaces de identificar y aprovechar estas oportunidades antes de que sus competidores lo hagan. Aquí presentamos algunas herramientas clave que pueden ayudar a las organizaciones a detectar y capitalizar las oportunidades emergentes.

1. Análisis de datos: el nuevo petróleo

El análisis de grandes volúmenes de datos permite a las empresas tomar decisiones más informadas, identificar patrones y predecir tendencias. Herramientas como Google Analytics, Tableau y Power BI ofrecen una comprensión profunda del comportamiento del cliente y del rendimiento del negocio en tiempo real. Esta información es crucial para identificar oportunidades antes de que se conviertan en evidentes para el resto del mercado.

Un caso ilustrativo es el de Zara, la empresa de moda que utiliza datos de ventas en tiempo real para ajustar su inventario y producción en función de la demanda del cliente. Este enfoque ágil permite a Zara capitalizar las tendencias de la moda más rápidamente que otros competidores, manteniendo su relevancia en un sector altamente volátil.

2. Innovación a través de la inteligencia artificial (IA)

La IA es una de las tecnologías más disruptivas de nuestro tiempo y ofrece un sinfín de oportunidades. Desde la automatización de procesos hasta la personalización del cliente, las empresas pueden utilizar herramientas de IA como IBM Watson, Amazon Rekognition y Google AI para mejorar la eficiencia y ofrecer experiencias más personalizadas a sus clientes.

Por ejemplo, Spotify utiliza IA para personalizar listas de reproducción, generando recomendaciones basadas en los hábitos de escucha de los usuarios. Esta capacidad para ofrecer contenido altamente personalizado ha sido clave en su éxito, diferenciándolo de sus competidores.

3. Plataformas colaborativas y ecosistemas de innovación

Ninguna empresa, por más grande que sea, puede liderar todas las innovaciones por sí sola. Las plataformas colaborativas como Slack, Asana y Microsoft Teams permiten a los equipos trabajar juntos de manera más eficiente y ágil, facilitando la innovación interna.

A nivel externo, los ecosistemas de innovación abiertos son otra poderosa herramienta. Tesla, por ejemplo, abrió muchas de sus patentes de tecnología eléctrica, permitiendo a otros innovadores colaborar y mejorar la industria en su conjunto. Este enfoque colaborativo ha permitido a Tesla acelerar la adopción de vehículos eléctricos en todo el mundo.

Desarrollar una cultura empresarial abierta al cambio y utilizar herramientas avanzadas para identificar y aprovechar oportunidades emergentes no es solo una estrategia inteligente, sino una necesidad en un mundo empresarial cada vez más dinámico. Las empresas que logran adaptarse rápidamente, incentivar la innovación y aprovechar las nuevas tecnologías están destinadas a liderar el futuro. La clave está en ser proactivos, no reactivos, y en fomentar una mentalidad que vea el cambio como una oportunidad ilimitada.

Es hora de que los líderes empresariales tomen las riendas, fomenten el aprendizaje continuo y utilicen las herramientas disponibles para transformar su negocio, asegurándose un lugar preeminente en el mundo digital del mañana.

Aspecto Clave	Descripción	Ejemplo del Mundo Real	Estadística Relevante
Cambio como oportunidad	Las empresas deben ver el cambio como una oportunidad para innovar y crear valor.	**Netflix**: pasó de alquiler de DVD a plataforma de streaming.	Empresas con cultura adaptable tienen un 33% más de probabilidad de superar a sus pares.
Liderazgo visionario y flexible	Los líderes deben anticipar tendencias y cambiar de rumbo según sea necesario.	**Líderes visionarios** permiten un cambio ágil en la organización.	Empresas con líderes flexibles tienen un 30% más de éxito en sus transformaciones.
Cultura de aprendizaje continuo	Fomentar el aprendizaje permanente para adaptarse a los rápidos cambios tecnológicos y del mercado.	**Microsoft**: formó a sus empleados en IA para liderar en el sector.	El 73% de las organizaciones exitosas priorizan la capacitación continua de sus empleados.
Experimentación y agilidad	Permitir la experimentación y utilizar metodologías ágiles para innovar rápidamente.	**Spotify**: usa agilidad en toda la organización para innovar.	Las empresas ágiles aumentan su productividad en un 25% más que las que no lo son.
Diversidad de pensamiento	Equipos diversos generan más creatividad y mejor	**Procter & Gamble**: usa la diversidad para crear productos	Empresas con diversidad tienen un 19% más de

	resolución de problemas.	líderes.	ingresos por innovación, según BCG.
Análisis de datos para identificar oportunidades	El uso de herramientas de análisis permite a las empresas tomar decisiones informadas y prever tendencias emergentes.	**Zara**: ajusta su inventario en tiempo real según datos de ventas.	Las organizaciones que usan análisis de datos mejoran su toma de decisiones en un 69%.
Innovación mediante IA	La IA automatiza procesos y personaliza la experiencia del cliente.	**Spotify**: IA para generar recomendaciones personalizadas.	Se espera que la IA contribuya $15.7 billones al PIB mundial para 2030 (PwC).
Plataformas colaborativas y ecosistemas abiertos	Herramientas colaborativas y ecosistemas abiertos impulsan la innovación interna y externa.	**Tesla**: abrió sus patentes para impulsar la innovación en su sector.	El 71% de las empresas que colaboran con otros líderes innovadores superan sus metas.

APÉNDICES

Apéndice A: Casos Reales de Innovación en la Toma de Decisiones

En este apéndice, se presentan ejemplos concretos de empresas que han innovado en sus procesos de toma de decisiones, utilizando tecnologías avanzadas y nuevos enfoques estratégicos. Estos casos muestran cómo las organizaciones han adoptado herramientas de inteligencia artificial, big data y automatización para optimizar la toma de decisiones en tiempo real y mejorar su competitividad en el mercado global.

1. Amazon: Optimización de la Cadena de Suministro con IA

Amazon ha sido pionera en el uso de la inteligencia artificial para mejorar la eficiencia de su cadena de suministro. A través de algoritmos de aprendizaje automático, la empresa predice la demanda de productos, optimiza rutas de entrega y gestiona inventarios de manera más efectiva, reduciendo costos y tiempos de entrega.

2. Netflix: Personalización de Contenidos mediante el Análisis Predictivo

Netflix ha revolucionado la forma en que las personas consumen entretenimiento mediante el uso de big data y análisis predictivo. Su sistema de recomendaciones utiliza algoritmos avanzados para analizar los hábitos de visualización de sus usuarios, lo que le permite personalizar su oferta de contenido y mejorar la retención de clientes.

3. Alibaba: Toma de Decisiones en Ventas y Marketing basadas en IA

Alibaba aplica inteligencia artificial y big data en su plataforma para mejorar la toma de decisiones en áreas clave como ventas y marketing. El uso de sistemas de recomendación personalizados y análisis de comportamiento de los clientes le ha permitido incrementar las ventas y mejorar la satisfacción de los usuarios.

Apéndice B: Herramientas y Recursos Tecnológicos para la Empresa del Futuro

Este apéndice detalla una serie de herramientas y tecnologías emergentes que son fundamentales para las empresas que buscan mantenerse a la vanguardia en la toma de decisiones. Estas herramientas permiten la automatización, el análisis avanzado y la mejora en la gestión de datos.

1. Plataformas de Inteligencia Artificial

- Google AI: Proporciona soluciones avanzadas de aprendizaje automático y procesamiento de lenguaje natural para empresas que desean integrar IA en sus procesos.

- IBM Watson: Ofrece una plataforma de inteligencia artificial diseñada para analizar grandes volúmenes de datos y apoyar la toma de decisiones en tiempo real.

2. Soluciones de Big Data

- Hadoop: Un marco de código abierto para procesar grandes volúmenes de datos de manera distribuida, muy útil en la toma de decisiones basada en datos masivos.

- Snowflake: Un sistema de almacenamiento y procesamiento de datos en la nube que permite a las empresas escalar sus capacidades de análisis de datos sin comprometer el rendimiento.

3. Herramientas de Visualización de Datos

- Tableau: Ofrece una interfaz intuitiva para la creación de dashboards y gráficos interactivos que permiten a los líderes empresariales visualizar información crítica y tomar decisiones informadas.

- Power BI: Herramienta de Microsoft para transformar datos en información procesable mediante visualizaciones interactivas y cuadros de mando dinámicos.

Apéndice C: Guía Práctica para Implementar Big Data y IA

Este apéndice proporciona una guía paso a paso para que las empresas implementen soluciones de big data y tecnología de inteligencia artificial en sus operaciones, con el fin de mejorar sus procesos de toma de decisiones.

1. Definir Objetivos y Estrategia

El primer paso en la implementación de Big Data e IA es definir claramente los objetivos empresariales que se desean alcanzar. ¿Qué problemas se busca resolver? ¿Qué áreas de la empresa se beneficiarán más de estas tecnologías? Identificar estos puntos críticos ayudará a establecer una estrategia efectiva.

2. Selección de Herramientas y Tecnologías

Una vez definidos los objetivos, el siguiente paso es seleccionar las herramientas tecnológicas adecuadas. Esto incluye elegir plataformas de procesamiento de datos, software de inteligencia artificial y recursos de almacenamiento. Es crucial elegir tecnologías que se adapten al tamaño y la naturaleza de la empresa.

3. Preparación de Datos

Los datos son el corazón de cualquier iniciativa de Big Data o IA. Las empresas deben asegurarse de que sus datos estén estructurados y limpios. Esto incluye la recolección de datos de diferentes fuentes, la eliminación de información duplicada o irrelevante, y el formato adecuado para ser procesados por algoritmos de IA.

4. Capacitación y Formación de Personal

Para que una implementación sea exitosa, es necesario capacitar al personal en el uso de nuevas herramientas y en la interpretación de datos analíticos. Invertir en la formación de equipos internos garantizará una integración más fluida de las nuevas tecnologías.

5. Implementación y Prueba Piloto

Antes de desplegar completamente las soluciones de Big Data e IA, es recomendable ejecutar una prueba piloto. Esto permite identificar posibles problemas técnicos y ajustes necesarios antes de escalar la solución a toda la organización.

6. Evaluación Continua y Optimización

La implementación de Big Data y IA no es un proceso estático. Las empresas deben evaluar continuamente el rendimiento de estas tecnologías y ajustarlas para asegurar que sigan siendo eficaces y relevantes en un entorno empresarial cambiante.

Apéndice D: Glosario de Términos Clave

Este glosario proporciona definiciones claras y concisas de los términos más importantes que se mencionan a lo largo del libro, permitiendo a los lectores tener una mejor comprensión de los conceptos clave relacionados con la toma de decisiones avanzada, la tecnología y la empresa del futuro.

1. Big Data

Conjunto de datos masivos que son difíciles de procesar y analizar utilizando las herramientas tradicionales de gestión de bases de datos debido a su volumen, velocidad y variedad. Las técnicas de big data permiten extraer información valiosa de estos datos mediante el uso de algoritmos avanzados y análisis predictivo.

2. Inteligencia Artificial (IA)

Campo de la informática dedicado a la creación de sistemas capaces de realizar tareas que requieren inteligencia humana, como el reconocimiento de voz, la toma de decisiones, el procesamiento de imágenes y la comprensión del lenguaje natural.

3. Machine Learning (Aprendizaje Automático)

Subcampo de la inteligencia artificial que permite a las máquinas aprender de los datos sin ser programadas explícitamente para realizar una tarea específica. Los algoritmos de aprendizaje automático detectan patrones y mejoran su rendimiento con el tiempo a medida que procesan más datos.

4. Análisis Predictivo

El uso de datos, algoritmos estadísticos y técnicas de machine learning para identificar la probabilidad de resultados futuros en función de datos históricos. Se utiliza comúnmente para predecir el comportamiento de los clientes, gestionar riesgos y optimizar procesos de negocio.

5. Toma de Decisiones Basada en Datos (Data-Driven Decision Making)

Proceso en el cual las decisiones empresariales se basan en el análisis de datos en lugar de en la intuición o la experiencia subjetiva. Este enfoque permite a las organizaciones hacer predicciones más precisas y mejorar la eficiencia operativa.

6. Automatización de Procesos

El uso de tecnologías para realizar tareas repetitivas sin intervención humana. Esto incluye desde simples flujos de trabajo automatizados hasta sistemas complejos de robótica e inteligencia artificial que optimizan las operaciones de negocio.

7. Blockchain

Tecnología descentralizada que permite almacenar y transferir datos de forma segura, transparente y sin intermediarios. Se utiliza principalmente en transacciones financieras, pero también está ganando tracción en otras áreas como la gestión de la cadena de suministro y los contratos inteligentes.

8. Transformación Digital

Proceso de integración de tecnología digital en todas las áreas de una empresa, lo que cambia fundamentalmente cómo opera y ofrece valor a sus clientes. La transformación digital requiere no solo adoptar tecnologías avanzadas, sino también una cultura organizacional que favorezca la innovación y la adaptación.

Apéndice E: Bibliografía y Lecturas Recomendadas

En este apéndice se presenta una lista de recursos clave que se han utilizado como referencia en el desarrollo del libro, así como lecturas adicionales recomendadas para aquellos que deseen profundizar en temas relacionados con la empresa del futuro, la inteligencia artificial, la toma de decisiones avanzada y las innovaciones tecnológicas.

Bibliografía

1. Brynjolfsson, E. & McAfee, A. (2014). La segunda era de las máquinas: Trabajo y prosperidad en una era de brillantez tecnológica. W.W. Norton & Company.

   - Este libro explora cómo las tecnologías digitales están transformando el trabajo y la economía, y cómo las empresas deben adaptarse a esta nueva era.

2. Davenport, T. & Harris, J. G. (2007). Competing on Analytics: The New Science of Winning. Harvard Business Review Press.

   - Un análisis exhaustivo sobre cómo las organizaciones que adoptan el análisis avanzado de datos como parte central de su estrategia pueden lograr una ventaja competitiva significativa.

3. Marr, B. (2015). Big Data: Using Smart Big Data, Analytics and Metrics to Make Better Decisions and Improve Performance. Wiley.

   - Una guía práctica para utilizar big data y el análisis de datos en la mejora de la toma de decisiones empresariales.

4. Kiron, D., Prentice, P. K., & Ferguson, R. B. (2014). The Analytics Mandate. MIT Sloan Management Review.

   - Investigación que destaca la importancia del análisis de datos en las decisiones estratégicas de las empresas.

5. Russell, S. & Norvig, P. (2010). Artificial Intelligence: A Modern Approach. Prentice Hall.

   - Un texto fundamental que ofrece una visión general profunda de los avances en el campo de la inteligencia artificial.

Lecturas Recomendadas

1. Schwab, K. (2016). La Cuarta Revolución Industrial. Debate.

   - Explica cómo las tecnologías emergentes están cambiando el mundo tal como lo conocemos y qué deben hacer las empresas para sobrevivir y prosperar en esta era.

2. Christensen, C. M. (2016). El dilema del innovador. Harvard Business Review Press.

   - Un clásico sobre la innovación disruptiva y cómo las grandes empresas pueden innovar sin perder su liderazgo en el mercado.

3. Harari, Y. N. (2018). 21 lecciones para el siglo XXI. Debate.

   - Un libro que trata de los desafíos sociales y económicos que plantea la aceleración tecnológica en el mundo contemporáneo, incluyendo la inteligencia artificial.

4. McKinsey Global Institute. (2019). Notes from the AI Frontier: Applications and Value of AI Technologies. McKinsey & Company.

   - Un informe sobre cómo las tecnologías de inteligencia artificial están siendo aplicadas en diferentes sectores y su impacto económico.

5. Porter, M. E. & Heppelmann, J. E. (2015). How Smart, Connected Products Are Transforming Companies. Harvard Business Review.

   - Este artículo analiza cómo los productos inteligentes y conectados están revolucionando las empresas y las cadenas de valor.

FIN